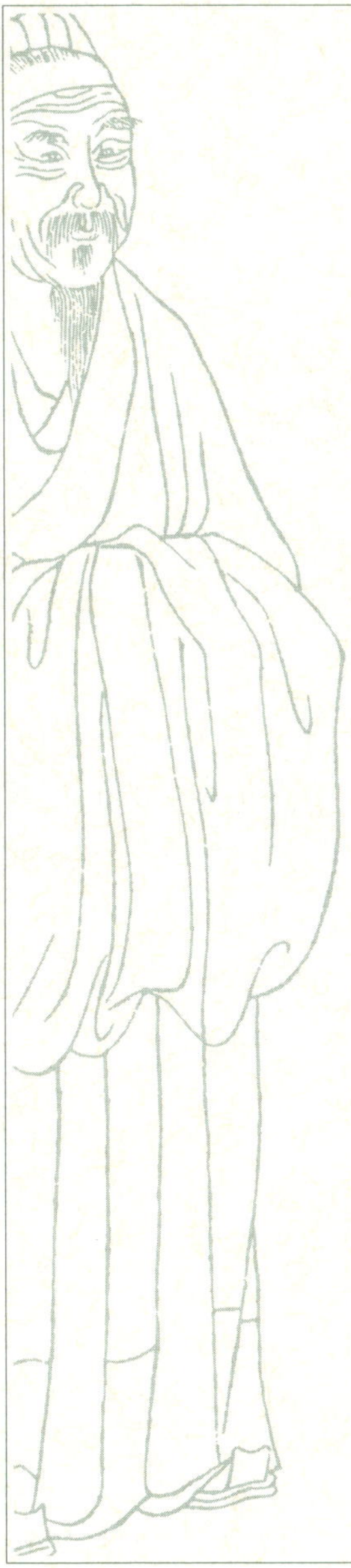

朱子学入門

垣内景子
[著]

ミネルヴァ書房

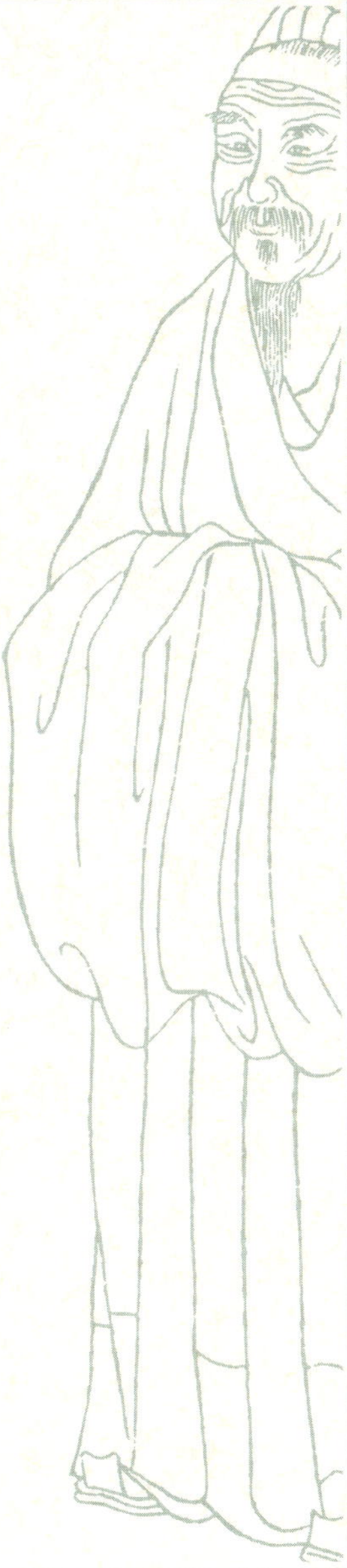

はじめに――私たちは自由にものを考えているか？

「朱子学」の名を知らない人は少ないだろうが、朱子学がどのようなものかを知る人はかならずしも多くはない。それでも、朱子学と聞けば、何やらお堅い封建道徳のイメージがとっさに浮かぶ人はいるだろうし、「大義名分」や「理気二元論」などといった言葉とともに試験勉強のときに暗記したことを思い出す人もいるのではないだろうか。あるいは、日本の歴史や文化にかつて大きな影響を与えたものだということは知っている、と言う人もいるかもしれない。では、朱子学とはいったいどのような思想なのであろうか。

朱子学は、ひと言で言えば、心の問題を解決し、より心安らかに生きるための思想である。そう言うと、ほとんどの人は違和感を感じるにちがいない。心の問題ならば、心学と呼ばれる陽明学ではないのか、陽明学はたしか朱子学を批判したのではなかったか。そもそも、身分制を支えた古い道徳というイメージの強い朱子学と心の問題とでは、どうもイメージがつながらない。そういう声が聞こえてきそうである。しかし、朱子学の、いや少なくとも朱熹《しゅき》という朱子学の祖の思想の核心は、心の問題であり、さらに言えば、自分自身のこの心と自分をとりまくこの世界の秩序との調和をめざすところにあったのだ。本書を通して、朱子学のイメージが一新されることを期待したい。

本書は、朱子学についての入門書である。入門書とはいうものの、本書は朱子学についての基礎知識を網羅的に紹介することを目的とはしていない。むしろ、朱子学に関する概説書を読む前に、まずは大まかに朱子学とはどのような考え方であるのかを知ってもらうことを目的としている。そのため、人名や書名の羅列、あるいは歴史背景に関する知識の伝授は極力避けて、できるだけ思想そのものをざっくりとわかりやすく描き出すよう努めたつもりである。

実は、巻末の「読書案内」で改めて紹介するが、朱子学ほど誰もが耳にしたことがあるものにもかかわらず、朱子学に関する一般向けのわかりやすい概説書はほとんど見当たらない。朱子学について比較的一般向けに書かれたものでも、どれもけっして読みやすいものではない。これでは、せっかく朱子学に興味をもった人がいても、そうした書物をいきなり読めば、そこに出てくる用語のわかりにくさや人名の煩雑さにうんざりし、結局のところ朱子学がどのような思想なのか実感的にわからないまま、なんだか小難しそうな、やっぱり封建道徳か、というようなことになりかねない。本書は、朱子学に興味をもち、もう少し詳しく具体的に朱子学について知りたいと思った人が、様々な朱子学に関する書物にあえなく撃沈しないための、いわば入門のための入門書なのである。

ところで、朱子学は、今から八百年以上も前の大昔に、中国という外国で生まれた思想である。日本にも影響があったとはいえ、一般には朱子学は封建時代の思想として日本人がとうの昔に葬り去ったものだと考えられている。その朱子学について、今この時代に改めて考えることに何の意味があるのだろうか。

いま試みに、自分自身にこう問いかけてみてほしい。私たちは自由にものを考えているのか。

ふだん私たちは、自分の頭の中で考えたり感じたりすることは、すべて各自の自由だと思っているかもしれない。しかし、一歩引いて考えてみれば、こうも言えるのではないだろうか。自分がこのように考えこのように感じるのは、自分がこの国のこの土地に生まれ、この言葉を母国語とし、この環境に育ち、今この時代に生きているからではないのか。そう省みるとき、自分の考えや感覚は自分だけの自由なものではなく、常にすでに様々なものによって規定されているのかもしれないということに気づくはずである。

そして、自分が当たり前だと思っていることも、もしかしたらそれら自分を規定している条件ゆえのものかもしれないということにも気づくのではないだろうか。国が変わり、状況が変わり、時代が変われば、まったく違うことを当たり前だと感じるかもしれないのである。そういった考えをつきつめれば、私たちはけっして自由にはなれないということになってしまいそうであるが、それでも、自由ではないくせに自由だと錯覚するのは何とも間の抜けた話であろう。完全に自由にはなれないとしても、せめて何にどう規定されているのかぐらいは自覚しておきたいものである。自分の考え方や感じ方を規定しているものに気づくとき、私たちは少しだけ自由になれるのかもしれないのだ。

そこで改めてこう問いかけてみてほしい。私たちの考え方や感じ方を知らず知らずのうちに規定しているものの一つに、朱子学は入っていないのだろうか。少なくとも、朱子学は、かつて中国だけでなく日本をも含む東アジアの広い地域で絶大の影響を誇った思想である。それがはたして「かつて」だけなのか、今を生きる私たちには無関係の過去の遺物なのかどうか、本書を読んでしっかりと見極めてほしい。

少しだけ結論を先取りしておくと、朱子学を知ることは、過去の思想を知ることだけではない。朱子学は、今を生きる私たちの考え方にも無関係の思想ではないのだ。しかも、たちの悪いことに、朱子学的発想は、かなり気づきにくいところで私たちを規定している。そして、さらに状況をややこしくしているのが、日本という土壌が中国生まれの朱子学を独特に変化させてもいるということなのだ。いずれにしても、過去の遺物だと思っていた朱子学に、私たちがいまだ囚われているとしたら、何とも癪にさわる話ではないか。朱子学から自由になるためには、まずはその正体を知らなければならない。

そんなことを考えながら、自分自身の考え方を振り返りつつ、本書を読んでもらえれば幸いである。

なお、本文中の引用は、すべて現代語訳で掲げた。原文については巻末の「引用原典一覧」を参照してほしい。

朱子学入門　目次

はじめに――私たちは自由にものを考えているか？

第一章　仏教なんてぶっとばせ――朱子学の位置……1
新儒教としての朱子学　「述べて作らず」　御用学問化と経書
仏教の魅力　朱子学登場前夜　道学と道統
「聖人学んで到るべし」　「心の欲する所に従いて矩を踰えず」

第二章　気のせいって何のせい？――朱子学の世界観……14
気とは何か？　陰陽　気質・五行　有の世界観
あらゆるものは気でできている　気と生死　気と鬼神
祖先崇拝の問題　気と運命・個性　気質の変化
心の動きも気の作用　理気二元論

第三章　理屈っぽいのが玉に瑕――朱子学の世界認識……39
朱子学＝理学　気の世界からの人間の逸脱　理とは何か？
個別性・多様性の原理と世界の均一感　人間における理＝性
人はなぜ理を求めるのか？　「きちがひにならないため」

目次

理の根拠　理が人を殺す　理批判の難しさ　朱熹の理批判
理よりも物を　高きを好む　心と理　性即理と心即理
第四章　たかが心、されど心——朱子学の最優先課題……62
狭義の心学・広義の心学　性と情　性善説と性即理
心は性情を統べる　工夫への意志としての心
心の紛擾をどう解決するか　心が心を観る？　心への迂回路
性へのアプローチ　意識の発動以前を意識的にコントロールする？
「涵養はすべからく敬を用いるべし」
第五章　まずは形から——朱子学の方法・その一「居敬」……81
初めての師　未発の存養　静坐　湖南学の「已発の端倪察識」
湖南学との決別　未発已発を一貫する方法・敬　主一無適
聖人の心の状態としての敬　模倣と習慣化　整斉厳粛
外から内へ　小学と敬　居敬と格物窮理
第六章　世界は一枚のジグソーパズル——朱子学の方法・その二「格物窮理」……102
格物致知　格物＝窮理　物を見ること＝理を見ること

「致知は格物に在り」　格る・窮める・致す　一か百か
豁然貫通　世界は一枚のジグソーパズル　真理の探究？
格物窮理の現場　すべては心のために　格物窮理と居敬
終わらない道のり　朱熹と朱子学

第七章　ああ言えば、こう言う——朱熹と朱子学……125
偽学から体制教学へ　朱子学と科挙　朱熹と朱子学と朱子学批判
朱熹のバランス感覚　ああ言えば、こう言う
最愛の不肖の弟子の「気象」　気象よりも工夫　朱熹の用意した朱子学
朱子学から最も自由な朱熹　朱熹の用意した陽明学

第八章　心の外には何もない——朱子学と陽明学……141
竹の理を窮める　龍場の大悟　心の外に理などない
心即理と性即理　不善・工夫を語る余地　心が望めば
誠意・致知・格物　知行合一　道行く人はみな聖人
聖人にならなかった朱熹と聖人になった陽明
陽明と陽明学　陽明のバランス感覚

第九章　朱子学を学ぶと人柄が悪くなる？——日本の朱子学……165
朱子学への嫌悪感　「道学先生」像　おのれのための朱子学
朱子の直弟子になる　朱子学の土着化
日本の朱子学は本モノの朱子学か？　物読み坊主とエリート官僚
三年も喪に服するなんて　日本が中国だ　朱子学の有用性
武士道と朱子学　陽明学の有用性　日本の無思想と朱子学

第十章　朱子は君子か？——朱熹の人物像……189
困ったヤツ　宿命のライバル　永遠のアイドル　聖人と君子
聖人のことは不可知　儒教における人物評価

おわりに——世界の辺境で朱子学を問う　203
読書案内　208
引用原典一覧　212
索引

第一章　仏教なんてぶっとばせ――朱子学の位置

朱子学の内容について踏み込む前に、まずはおおまかな見取り図で、中国思想史における朱子学の位置を確認しておこう。

新儒教としての朱子学

言うまでもなく、朱子学は、中国の伝統思想「儒教」の中の一学派である。紀元前に生きた孔子に始まる儒教は、時代とともにそのありかたを変化させながらも、今日にいたるまで脈々とその命脈を保っている。朱子学は、その儒教の気の遠くなるような歴史の中では比較的新しく登場したものであり、「新儒教」と呼ばれることもある。朱子学の登場は、儒教の歴史を大きく変えた。朱子学によって、儒教は、孔子の死後急速になくした生きた思想としての活力を取り戻した。また、朱子学によって、儒教は中国の土着の思想ではなく、朝鮮や日本という東アジアの広い地域に受け入れられる普遍性をもつ思想となったのである。

朱子学以降、儒教といえば朱子学を指すといってもあながち過言ではない。もちろん、朱子学を批判する儒者は朱子学以降いくらでも存在する。しかし、そういった朱子学批判の儒者たちの批判のしかたそのものに、まさしく朱子学が刻印されているという厄介な状況を生み出したのは、まぎれもなく朱子学なのであった。

「述べて作らず」

儒教は、孔子（紀元前五五一〜四七九年）を祖とするものだが、孔子自身には自分が新しいオリジナルの思想を創り出したつもりは毛頭なかった。孔子がみずからを語った「述べて作らず」という『論語』の言葉がそのことを物語っている。「述べる」とは、祖述するということ、すなわち先人の言葉を自分の言葉で補ってわかりやすく語るということである。つまり、孔子はみずからの使命を祖述者とし、作者とはしなかったのである。

孔子にとって作者とは、野蛮な人類のために美しい文化を創り出してくれた古《いにしえ》の聖王たちを指す。彼らが作ってくれた文化は完全無欠のものであるから、後の時代の何人《なんぴと》もそれに何かを加える必要も変える必要もない。かつて完璧であった文化は、時代とともに堕落して見失われてしまった。後の時代の人間の使命は、かつてあった完璧な文化に復帰することにほかならないのだが、失われてしまった文化をどのように知ることができるのかといえば、それは書物に残された言葉を通してしかない。孔子は、みずからの思想を著述するのではなく、先人の残した言葉を後世に正しく伝えるために書物を編纂する。これが儒教の経典「経書《けいしょ》」であり、五種類（易・書・詩・礼・春秋）あることから「五経《ごきょう》」

と呼ばれる。

ちなみに、『論語』は孔子の著書ではない。師である孔子や孔子の高弟の言葉を門人たちが記録した語録であったことを改めて銘記しておきたい。『論語』は、後の時代に儒教が権威をもち、孔子が尊重されるようになったことにともない、経書の一つとなったのであった。

孔子のこの態度は、後の儒教の運命を大きく決定づけた。第一に、儒者たる者、孔子ですらしなかった著作をすることはあってはならない。新しい思想は不要なのだ。後の儒者たちのすべきことは、ひたすら「経書」を読むこと、そしてそれを自分の言葉で祖述することにほかならない。たとえば、朱子学の祖たる朱熹《しゅき》（号は晦庵《かいあん》、一一三〇〜一二〇〇年）の主著は経書の解釈書であり、朱子学を研究するための第一の資料は『朱子語類《ごるい》』という朱熹の語録なのである。

新しい思想、新しい文化の創造を禁じられた思想家たちの営みは、どういった事態を引き起こしたのであろうか。もちろん、経書の解釈のしかたにそれぞれの思想家の思想がはからずも表れていることもある。また、中国の儒者たちの多くは官僚であり、思想家は思想の実践者として儒教を生きていたと言うこともできる。しかし、それでもなお「述べて作らず」の儒教は、作らないがゆえにこそ、変わりゆく時代の中で決して変わらないものとしての特別の席に鎮座することになる。そして、特別席に祭り上げられた儒教は、現実の政治や人々の生活とは切り離れたところで、時折都合よく利用されるだけのものになってしまう。儒教が政治権力と結びつきやすいのは、その思想内容が権力の維持に好都合であるからというよりは、むしろそれが現実の政治に直接関与せず、現実の政治のあられもない姿を綺麗な衣で隠してくれるからと言うこともできよう。つまり、儒教は生きた思想としての活力と引き替えに、不死の権威を獲得したのであった。

朱子学の登場するはるか以前、儒教は経書を研究する「訓詁学《くんこがく》」として、国家の保護のもと、仰々しく祭り上げられ、そして埃をかぶったまま、誰の心にも響かない御用学問と化していたのだ。

御用学問化と経書

『論語』を読むと、孔子という人がいかに自分の能力を売り込むことに汲々としていたかがよくわかる。「人知らずして慍《いきどお》らず、また君子ならずや（人が自分の力を知ってくれなくても平気でいられる、なんとも立派な人ではないか）」という『論語』の冒頭に登場する言葉は、孔子が自分自身に言い聞かせた負け惜しみにほかならない。孔子は、みずからの信じる古の理想を現実の政治において復元するために、政治に直接参与できる場を求めて各地をさまよったが、結局その地位を得ることはできなかった。つまり、孔子自身は、時の権力と結びつき絶大の権威を誇ったわけではなかったのだ。

その孔子の教えである儒教が、どうして後世御用学問と化すことができたのか。孔子が生涯渇望しても得られなかった地位に、後世の儒教が登りつめることができたのはなぜか。その歴史的要因は様々に研究されているが、ここではやはり経書の存在の意味を指摘しておきたい。経書という具体的で客観的な書物群の存在が、儒教を権力の側と結びつけ、その生命を長からしめたのである。しかし同時に、そのことが、孔子にとってははなはだ心外と言わざるを得ない儒教の形骸化を導いたのであった。

同様のことは、朱子学の御用学問化にも言える。朱熹の生きた時代、朱熹の学派は過激な理想主義・原理主義として、むしろ時の権力からは煙たがられていた。過激な理想主義・原理主義は、腐敗した現実にとっては往々革新的な脅威となりうるということだが、いずれにしても、朱熹は権力と結びついていたわけではない。にもかかわらず、朱熹の死後、朱子学は中国だけにとどまらず、朝鮮や日本でも御用学問となり、体制を支えるイデオロギーになった。ここにおいても、経書――朱子学の場合は経書の注釈書――の存在が果した役割が大きい。朱熹の学派は他のどの学派よりも、経書の注釈書を完備させていたのだ。書物という客観的存在が、教育を通じて、あるいは中国や朝鮮の場合は科挙《かきょ》という試験制度を通じて、儒教（朱子学）がいわゆる国教化されたということの実質を支えていたのである。

仏教の魅力

朱子学が登場する以前、儒教は、国教としての地位を獲得しつつも、経書の訓詁学として、いわば生けるしかばねと化していた。それは、孔子の「述べて作らず」の思わぬ帰結であったのかもしれない。しかし、その儒教は時を経て改めて思想としての息吹を取り戻す。そのきっかけとなったのは、外来の仏教の刺激であった。仏教の中国伝来はかなり古い。しかし、それ以上に外来のものを見下す中国人の中華意識は強烈であり、仏教が広く中国の人々の心に浸透するまでには長い潜伏期間を必要とした。それでも、儒教が訓詁学に追いやられて人々の心から遠ざかるに比例するかのように、仏教は皇帝個人を始めとする多く人々の心を徐々にとらえ始める。

中国の知識人層は「士大夫《したいふ》」と呼ばれるが、彼らの多くはお上《かみ》に仕える官僚（およびその予備軍）であったから、当然ながらお上の認める儒教の教養（経書の知識）をその表看板としていた。しかし、彼ら士大夫たちですら、「陽儒陰仏（表は儒教、裏では仏教）」と称されるように、一人の人間としての私的生活において仏教に共感する者は多かったのである。

士大夫たちは、次の二つの点において、儒教にはない魅力を仏教に感じ始める。その一つは、「心」の問題、すなわちみずからのこの心をいかに安定させるか、ということであった。この、昔も今も変わらない人間の素朴で切実な願いに対して、従来の儒教は何の助けにもなってはくれない。それにひきかえ、仏教、特に禅宗は、心の問題を直視し、具体的な処方箋（たとえば坐禅という身体技法）まで与えてくれる。日々外物の刺激に突き動かされ落ち着かない心を見つめ、絶対安心の境地を求めるということが、士大夫たちにとっての仏教の最大の魅力であったのだ。

士大夫たちが仏教に惹きつけられたもう一つの要因は、仏教の見せる「高尚さ」、すなわち議論の抽象性や体系性であった。『論語』には抽象的な概念をひねくりまわすような議論はない。あるのは、きわめて散文的な人生の教訓、あるいは処世術だけである。それは知的エリートを自負する士大夫たちの知的好奇心やプライドを満足させるものではなかった。たとえば、後に仏教を痛烈に批判し、仏教に対抗できるよう儒教を再生させた朱熹も、秀才の少年時代にありがちな知的好奇心のおもむくまま、かつては「小難しそうな」仏教に魅了された一人であった。

以上のように、仏教は、現実問題への解答とそれを支える抽象的な体系性という両面において、儒教にはない魅力を士大夫たちに与えていた。したがって、儒教が新たに再生するためには、この両面において仏教に対抗しなければならなかったのである。すなわち、朱子学の課題は、「心」の問題の解決とそれを支える統一的な説明体系を築くことであったのだ。

朱子学登場前夜

朱子学の「朱子」は朱熹という一人の儒者に対する尊称であるが、朱子学は朱熹という個人の思想を中心に、時代を前と後に押し広げて捉えなければならない。朱熹没後の朱子学の変容や、朝鮮・日本への影響といった後の時代への広がりについては後に詳しく述べることにして、ここでは朱熹が生まれる直前の時代に現われた儒教の新しい動向について述べておきたい。仏教に対抗できる儒教の再生という儒教史の一大転換は、朱熹一人によって突然成し遂げられたものではなかったのである。

朱熹の生きた時代は南宋と呼ばれるが、その一つ前の北宋の時代、久しく思想としての主導権を外来の仏教に譲っていた儒教にとって起死回生の機会がめぐってきた。「科挙」の復活である。科挙とは、官僚登用のための国家試験であり、それ以前の時代から実施されていたものの、北宋の前の戦乱の時代には中断していた。それを復活させ、それまで以上に整備させたのが北宋の時代であった。

科挙と儒教は切っても切れない関係にある。科挙の最も主要な試験科目は、儒教の経書であったたからだ。したがって、士大夫たちにとって儒教の経書を学ぶことは、官僚になるための必須条件であった。このことは、儒教がいくら形骸化しても、それでもなお知識人たちの共通の教養として儒教がひそかに生き続けることを可能にした。科挙によって立身出世という現世利益と結びついた儒教は、試験科目の常の例にもれず、その内容への関心や共感とは別個に、士大夫たちが等しく学ばなければならないものとなったのだ。

しかし、試験科目の内容がそのまま生きる指針や政治的な抱負となり得る幸福な時代もある。それが北宋の時代であった。久しく途絶えていた科挙が復活したばかりのこの時代、科挙はみずからの力で政治の表舞台に立つことができる可能性を士大夫たちに示した。望んでも得られなかったものを手に入れたばかりのとき、人はそれを大切にし、手に入れることができた自分を誇らしく思うものであろう。北宋の科挙官僚たちの多くは、自分の力で手に入れた政治的立場を単なる立身出世の方途としてだけではなく、みずからの政治的理想を実現する場とする自負心をもっていた。彼らはまた、試験のために学んだ儒教の経書の内容を現実の政治の問題やみずからの生き方の問題として捉え、経書を根拠に政治的な議論を闘わせる。かつて孔子がその「迂《う》(まわりくどく、即効的でないこと)」なるがゆえに現実にはどこにも登用されなかった儒教の復古的理想主義が、現実の政策をめぐって議論されたのである。

久しく形骸化していた儒教は、この時代つかのま、現実的な政策議論の根拠としての役割を担うことになる。つかのまと言ったのは、いずれ人は得難いものを得たときの自負心を見失い、現実の政治とみずからの理想とを一致させることをあきらめるようになるからで、事実、時代が下って南宋の時代になると、朱熹たちの議論は政策議論とは切れ離れた思想議論のための場に限定されるようになる。それでも、北宋の科挙官僚たちの自負心は、儒教を現実の生きた思想として生き返らせるのに十分なものであった。

道学と道統

儒教的な教養における実力によって官僚となった北宋の士大夫たちは、政策の議論の場で儒教の思想議論を闘わせ、いくつかの派閥を形成する。政治的な派閥がそのまま儒教内の学派となって対立するようになったのだ。その中の一つに、後の朱子学につながる「道学《どうがく》」と呼ばれる学派があった。程《てい》顥《こう》（号は明道《めいどう》、一〇三二～一〇八五年）・程頤《ていい》（号は伊川《いせん》、一〇三三～一一〇七年）という兄弟（二人を合わせて「二程子《にていし》」と称する）を中心とする一派で、当時「新法」と呼ばれる政治改革をしたことで有名な王《おう》安石《あんせき》（一〇二一～一〇八六年）の一派と対立した、比較的保守的な「旧法」派であった。

「道学」という名称は、自分たちこそが正しい儒教の「道」を継承するという意味である。ちなみに、「道」の字を冠したものに「道家《どうか》」や「道教《どうきょう》」といったものがあるが、「道家」は諸子百家の一つでいわゆる「老荘《ろうそう》思想」を指し、「道教」はその「道家」の思想と結びついた中国土着の民間宗教であって、いずれも儒教とは大きく対立する。つまり、「道」とはそれぞれが信ずる正しさやその根拠を表現するために用いられた一般的な概念であって、言うまでもなく「道学」の「道」と道家・道教の「道」の内容は同じではない。

それでは「道学」のいう「道」とはどういうものであるのか。朱熹はそれを「心」の問題であると考えた。すなわち、古の時代から孔子を経て脈々と伝えられた儒教の核心は「心」の問題であり、そのことを再認識させてくれたのが二程子であるというのが、朱熹の描く儒教の「道」の伝統なのであった。そして、その「道」の伝統（「道統《どうとう》」と呼ばれる）を継承する者は自分にほかならないというのが、朱熹の自負であったのだ。

「聖人学んで到るべし」

もう一つ、北宋の道学者たちが儒教の歴史を大きく変えた点がある。それは、「聖人」の意味の変化を決定づけたことである。聖人とは、端的には儒教における最高の人格を指す言葉であるが、孔子にとっての聖人と、孔子以降の儒者にとっての聖人とは、まさにその孔子という人物が存在することによって微妙に異ならざるを得なかった。

孔子にとっての聖人とは、すでに述べた通り、文化や制度（「礼楽《れいがく》」と呼ばれる）を人類のために初めて作ってくれた古のすぐれた王たちのことである。この「作者としての聖人」は、複数であるとは言え有限であり、文化が完成した時点で再びこの世に現われることはない。したがって、言うまでもなく孔子自身は聖人ではないし、聖人を目指すこともなかった。ところが、後世孔子の権威が高まると、孔子の功績は作者の聖人たちにも劣らないという評価のもと、孔子は次第に聖人と称されるようになる。それと同時に、伝説的な古の聖王たちよりもはるかに実在性の感じられる孔子が聖人となることによって、聖人の意味そのものが大きく変化し、聖人とはむしろ孔子に象徴されるような人格の完成者としての側面が第一義となる。つまり、文化を創り出すこともなく、王者となることがなくても、人は聖人になることができるということである。孔子が聖人になったことによって、聖人が新たに現われる可能性が開かれたのであった。

北宋の道学者たちのスローガンは「聖人学んで到る可《べ》し」、すなわち誰もが学問に努めることによって聖人になることができる、というものであった。「到る可《べ》し」の「べし」は本来は「到ることができる」という可能の意味であるが、同時にそれは「できる」のであるから「ならなければならない」という当為の意味として人に学ぶことを強要することになる。いずれにしても、道学者たちが聖人到達の可能性を旗印に掲げたことによって、それまでの聖人観は決定的に変化する。聖人は、孔子のような特別な人だけの問題ではなく、万人が等しく到達可能で、そうであるからこそ目指さなければならない人格陶冶の目標となったのだ。

そして、これは同時に、儒教が前提としている「性善説」の新たな強調でもあった。人間の本性は善なるものであるという性善説は、孔子よりも時代の下った諸子百家の時代の儒家の旗手である孟子《もうし》（紀元前三七二頃～二八九年頃）によるものだが、北宋の時代において新たに性の善悪を論ずる議論が再燃していた。道学者たちは、徹底した性善説の立場をとる。そして、性善説は、ここにおいて聖人到達の可能性を万人が有しているということと同じ意味になったのであった。ちなみに、万人に聖人到達の可能性を認めるということも、実は仏教の「悉皆成仏《しっかいじょうぶつ》（万物すべてに仏性があり、仏になることができる）」に対抗する発想であった。

「心の欲する所に従いて矩を踰えず」

それでは、儒教が目指す理想の人格とはどういうものなのであろうか。もちろん、理想的な境地であるからには、いかなる意味においても善《よ》きものであり、善き徳性はすべて聖人を形容するといっても過言ではない。しかし、道学者たちがイメージした聖人の境地は、何よりも「心」の有り様《よう》に見出されていた。心が何ものにもとらわれず自由であること、外界からの刺激に惑わされず、しかも的確に反応できること、生き生きとしつつも安定していること、心のそういった有り様こそが、道学者たちが目指す聖人の境地なのであった。そして、この境地は、孔子がみずからの人生を顧みて、七十歳の境地として語った「心の欲する所に従いて矩《のり》を踰《こ》えず（心の欲するがままにふるまっても、世間の規範・秩序を踏み越えることはない）」という言葉に最もよく表されていると考えられていた。あるがままの心と外的な規範・秩序との調和、これこそが新しい儒教の目標となったのであった。

このような心と規範・秩序（それは後に「理」という言葉で表現されることになる）をめぐる彼らの議論を集大成したのが、次の南宋の時代に生まれた朱熹であった。朱熹に言わせれば、出家を前提とする仏教は、世間の規範・秩序を超越した（というがその実は無視した）心の安定を目指すものであり、それは心の真の安定ではない。儒教は、世間のただ中にあって、世間の規範・秩序と心とを見事に調和させる道筋を示すものであり、それこそが真に自由で安定した心をもたらす。なぜなら、何よりも人の心を悩ませるのは自分の心と規範・秩序との齟齬《そご》であり、何よりも人の心を安定させるのは規範・秩序との自然な調和にほかならないというのが、世間に生きる人間の偽らざる実情であるからであった。つまり、朱熹の出発点は、心の実感と規範・秩序（理）との分離対立であり、朱熹の目指すのは、両者の調和的一体化なのであった。朱熹はこの課題に対して、従来の儒教にはない緻密な議論を繰り広げ、壮大な説明体系を築き上げる。

つまり、朱子学とは、ありのままの心の実感と心の外に厳然と存在する外界の規範・秩序との関係を追究し、両者の調和を実現するための学問、すなわち「心」と「理」をめぐる思想なのであった。

第二章　気のせいって何のせい？――朱子学の世界観

「心」と「理」をめぐる思想である朱子学の構造を読み解くために、まずは「気」という概念についての説明から始めたい。「気」は、儒教だけでなく、広く中国の古代からの思想全般を支える概念であり、朱子学もその世界観の上に成り立っている。

気とは何か？

「気」とは何かを定義することは難しい。古来、「気」の意味を明確に定義した文献は見当たらない。「気」はむしろ何かを説明するために使われ、それ自体を説明する必要のない概念なのである。朱熹も、「～は気である」「～は気のせいだ」という言い方で様々な物事を説明しているが、「気とは～である」というような説明はしていない。説明するまでもなく経験的に確かなもの、それが「気」なのであった。

私たちの日本語の中にも、「気」という漢字を含む言葉がたくさんある。「気をつかう」「気をつける」「気になる」「気がある」「気のせい」「気合い」「気持ち」「元気」「天気」「雰囲気」「気配」「病気」……。これらの「気」の字に通底する意味合いとはどのようなものなのだろうか。まず気づくのは、人の心の動き（意識・関心・感覚）に関する言葉が多いこと、そして、目には見えないがたしかに感じ取ることのできる何かを意味するということであろう。

一つ「気のせい」という言葉を例に考えてみよう。私たちが日本語で「〜は気のせい」と言うとき、それは物理的に証明することはできないが、人の心がそうさせているという意味であり、多くは不確かなこと（まやかし、勘違い）を意味する。これに対して、朱熹たちが用いる「〜は気のせい」という言い方は、むしろ正反対で、何のまやかしもないたしかなことを意味する。朱熹たちにとっての「〜は気のせいだ」という言い方は、ちょうど私たちにとっての「〜は単なる物理現象だ」という意味合いをもつ。たとえば、何らかの怪異現象について、私たちが「気のせいだ」と言えば、それはその現象は物理現象ではなく、人の心理現象にすぎないという意味だが、朱熹たちが「気のせい」と言えば、それは単なる物理現象であるから、むやみに恐れるに足らないという意味になる。つまり、「気」とはあくまでも物質的概念であるのだが、そもそも朱熹たちにとってはいわゆる心理現象も「気」なのであった。

いま「気」をイメージするために、きわめて微細な物質をイメージしてみてほしい。この物質は大きなエネルギーをもち、常に運動している。そして、この世界は閉じた空間であり、その中に一定量の「気」が隙間なく充満し、絶えず運動を繰り返していると想像してみてほしい。微細な個々の「気」はぶつかり合い集散を繰り返し、空間の中に様々な濃度の部分を作り出す。この世界の中に存在する万物も、生起する万象も、すべて「気」の一過的状態にすぎないのだ。太古から未来永劫にいたるまで、一定量の「気」が一定の空間の中で一瞬も止まることなく無限の組み合わせを作り出し続けている。これが世界であり、歴史である。

「気」の観点から言えば、万物はすべてひと連なりの「気」ということになる。物と物とを隔てる空間も、私たちの大雑把な見かたでは見えない状態の「気」にほかならない。人と物の区別も、「気」の状態の違いによるものにすぎない。物を構成する「気」よりも人を構成する「気」の方が、エネルギーに満ちた質の良い状態であるから、物は動かないのに対して、人は運動や思考ができるのだ。さらに言えば、肉体という外界との境界の内にあるとイメージされる人の心の動きも「気」の動きによるものなのであり、たとえば念力のように心の中で思ったことが外界の物理現象に連動したとしても、「気」のない隙間がない以上、それこそ「気のせい」として起こり得ることなのである。

こうした「気」の世界観を、今日の私たちがイメージすることは容易ではない。それは、私たちが日常的に無意識に前提としている物と心の区別や主客の区別をとりはらうものであるからだ。しかし、朱子学は「気」による万物一体の世界観を前提としている。朱子学を理解するために、もう少し詳しく「気」による説明のしかたをみてみよう。

陰陽

朱子学は、あらゆる物事はすべて「気」であるとするが、これはいかにも大雑把な言い方であろう。

無限に多様の万事万物をたった一つの「気」によって説明するというのは、あまりにも乱暴であり、そもそも説明とは言い難い。すべては「気」だということの意義は、上述の万物一体の世界観を提示することにあるのだが、その世界の中の多様性を説明するためには、「気」の属性を区別する概念が必要となる。それが「陰陽《いんよう》」であり、「五行《ごぎょう》」なのだ。

「陰陽」は、「気」という概念と同様、儒教だけでなく古代から中国思想全般に共有された説明原理である。この世界の万事万物は、すべて相反する性質と対《つい》になっている。その相反する性質のうち、明るく強く活動的である方を「陽」と呼び、暗く弱く静かな方を「陰」と呼ぶ。「陽」と「陰」はあくまでも比較的・相対的にどちらであるかということであって、対になるものを想定しなければ、そのものが「陽」か「陰」かを言うことはできない。たとえば、ある一人の男性は、女性に対しては「陽」であるが、その人よりも若く強い別の男性に対しては「陰」であり、その人よりも年配の弱々しい男性に対しては「陽」というように、その人自体の「陰陽」が固定的に定まっているわけではない。満月は、太陽に対しては「陰」であるが、三日月に対しては「陽」であり、満月自体の「陰陽」を語ることはできないのだ。

陽――日向・明・動・強・速・濃・大・伸・若・男・少年・太陽・満月……
陰――日影・暗・静・弱・遅・淡・小・縮・老・女・老人・月・三日月……

「陰陽」はまた、「陰」から「陽」へ、「陽」から「陰」へと無限に循環する。四季の変化が好例で、春から夏にかけてしだいに「陽」が強まり、夏至に到って「陽」は極まる。すると今度は秋から冬にかけて「陰」が徐々に強まり、冬至に到って「陰」が極まるが、その後はまた春に向かって「陽」が徐々に強まっていく。太古から変わらないこの無限の循環が、「陰陽」の基本的な性質のモデルであり、これを「消長《しょうちょう》」と呼ぶ。「消」は消滅・衰退、「長」は成長・隆盛の意味であり、自然の営みも人の歴史や生涯もすべてこの「消長」を繰り返す。

「陰陽」のもう一つの性質は「感応《かんおう》」と呼ばれる。「感」とは働きかけ、「応」はそれに対する反応である。ある働きかけに対して必ず何らかの反応があり、その反応がまた働きかけとなって新たな反応を生み出してゆくというように、この世界のあらゆる物事は一刻も止まることなく無限に連続してゆく。たとえば、男（陽）女（陰）の「感応」によって子供が生まれるように、「陰陽」という相反する二つがあり、そこに「感応」があるからこそ、新たなものが生み出されるのである。

気質・五行

「気」の相対的な性質である「陰陽」は、「消長」と「感応」を繰り返し、この世界に無限のグラデーションを織りなしてゆく。この世界は一瞬たりとも静止することなく、刻々と変化しているのだが、私たち人間の日常的な知覚はその微細な変化を感知しない。たとえば、私たちは、昔の自分と今の自分との間の変化（成長・老化）は感知できたとしても、両者は同じ自分であるとして、その連続性・同一性を無意識に前提としている。まして、いまこの瞬間にも刻々と変化しつつある自分を感知しながら生きることは容易ではない。あるいは、いま目の前に見える物はそれぞれ確固と存在しているように見えるが、「気」のレベルでいえば、物はすべて消滅に向かって変化しつつある過程なのである。

つまり、私たちはきわめて大雑把に粗っぽくものごとを知覚・認識しているにすぎないということであるが、それは私たちが無事生きていくために適した精度なのであろう。もしも瞬間瞬間の自分に同一性を認めず、個体としては刻々と死に向かいつつあるものとして自分を感じ取ってしまったならば、おそらく人は正気ではいられないだろう。反対に、太古から未来永劫に続く長い長い時間の中においては、人の一生などほんのつかのまの瞬間にすぎないにもかかわらず、私たちは自分の生をたっぷりとした時間の幅で感じ取る。「気」のうたかたの状態にすぎないものを実体的に受け取る私たちの感覚は、私たちの生存を支えるために仕組まれたいわば安全装置なのかもしれない。

そうした私たちの大雑把な感覚で世界を見れば、「気」はいくつかの固定的な性質を有しているように見える。その比較的安定した「気」の性質を「質」あるいは「気質」と呼ぶ。そして、この「質」の基本的な性質を五つに還元したのが「五行」である。「五行」とは、木・火・土・金・水の五つの性質のことで、万物はすべてこの五つの要素の組み合わせのバリエーションからなるものと考えられる。

たった五つの要素の組み合わせで、どうして無限に多様なものが説明できるのか疑問に思う人もいるかもしれないが、ここでもまた無限に微細な単位を想定してみてほしい。万物の差異は、五つの要素がそれぞれ何パーセントずつ配合されているかによるのであり、無限に微細な単位まで数量を想定すれば、異なる配合はいくらでも作り出せることになろう。たとえば、樹木は基本的には木の要素がほとんどを占めているが、この木とあの木の差異は、そこにごくごく微量含まれる火・土・金・水の要素の配合による。たとえば火の成分が〇・一%、〇・〇一%、〇・〇〇〇……一%と異なることによって、無限に異なる樹木が想定できるというわけだ。

人間について言えば、人間も五行の組み合わせによってできているのだが、人間は他の動植物や無生物に較べて、五行のバランスがとれているものとされる。そして、人間の中でも、様々な性質や能力や運命が人によって異なるのは、やはり五行のバランスの微細な違いということになる。人間はそれぞれ何らかの五行の偏りをもっていて、それがその人の個性となり、運命となるのであった。そして、五行のバランスがより整った人間ほど、よりすぐれた人間であるとされる。

有の世界観

すでに述べたように、「気」の世界観は、古代から中国人に共有されたものであり、儒教独特のものではない。古い時代の儒教においては、「気」はごく当たり前の前提とされているだけで、ことさら「気」という概念を強調することはなかった。ところが、朱子学登場の前夜、儒教が外来の仏教と対抗するようになると、「気」は仏教の世界観に対抗する根拠として意識されるようになる。すなわち、仏教の「無」や「空」の世界観に対する、儒教の「有」の世界観は、「気」によって根拠づけられるのである。

朱熹が自分の思想の淵源の一人に数える北宋の道学者に、張載《ちょうさい》（号は横渠《おうきょ》、一〇二〇〜一〇七七年）という人がいる。張載は、中国思想史の中では「気」の思想家として語られることが多い人物であるが、朱子学の基礎となる「気」の世界観は、この張載に負うところが大きい。

張載の言葉に次のようなものがある。

気が太虚《たいきょ》において聚散するのは、ちょうど氷が水において凝釈するようなものだ。太虚が気であることを知れば、無はないということがわかる。（張載『正蒙《せいもう》』太和篇）

「太虚」とは、閉じた空間としてのこの世界のことであり、それは「太」＝「大」なる、「虚」なる場として「太虚」と呼ばれる。「虚」とは、空虚や空っぽという意味ではなく、限定が無いこと、固定的でないこと、それゆえあらゆる可能性を含んでいることを意味する。つまり、この大いなる世界において、あらゆるものは固定化されることなく無限の可能性をもちつつ変化をし続け、無限に多様な物や事を生み出していくということだ。

この「太虚」という場において「気」が集散し、様々な物や事を形成するのは、ちょうど水において氷が固まったり溶けて水に戻ったりするようなもの、氷になったり水になったりと状態は変化しても、水の総量は変わらないのと同様に、「気」の状態は集散によって変化しても、「太虚」の「気」の総量は変わらない。そして、「太虚」がそれこそ空っぽではなく「気」の充満した場であることがわかれば、この世に「無」などないことがわかる。

儒教は、仏教の「無」や「空」を批判して、徹底した「有」の世界観を提示する。この世界は、仏教が言うような虚無でも幻でもなく、たしかな質感をもった「有」の世界であり、そのたしかな質感は「気」の質感にほかならないのである。「気」が有る以上、この世は有るのであり、万事万象を虚無と見なす仏教はまちがっているというのが、儒教の仏教批判なのであった。

儒教側の仏教に対する批判の当否はともかく、仏教という外来の思想に対抗することによって、古来無自覚に前提としていた「気」の概念は、新しい儒教にとってなくてはならない武器となった。朱子学は、こうした「気」の再認識を承けて、この世のあらゆる物や事はすべて「気」のなせるもの、「気」のせいであると説明し、このたしかな手触りをもった「有」の世界における「有」なる存在としての人間について考察する。

以下、朱熹の言葉を紹介しつつ、朱子学において様々な事象がどのように「気」によって説明されているかをみてみよう。

あらゆるものは気でできている

朱熹は、この世界の出来上がる様を次のように描写している。

天地の初めは陰陽の気にすぎない。このひと連なりの気が回転運動し、あちらこちらで摩擦を繰り返す。摩擦が激しくなると、たくさんの滓《かす》ができるが、その滓が真ん中に集って行き場を失うと、それが固まって真ん中に地ができる。気の清いものが天となり、日月星辰となって、外側で常に回転し続ける。地は真ん中で動かないものであって、下にあるのではない。(『朱子語類』巻一)

万物を生み出す造化の作用は挽き臼のようなもので、上の方は常に回転して止まない。万物が生まれるのは、挽き臼の中から粉がまき散らされるようなものであるが、その粉には粗いものもあれば細かいものもあり、もとより不揃いなものだ。(『朱子語類』巻一)

天地が分かれ、日月星辰ができ、万物が生まれるのは、すべて「気」の回転運動による。無数の「気」の粒が運動すると、おのずとぶつかり合い摩擦が生じ、軽快に運動を続ける部分(天)と滓のような鈍重な部分(地)とができる。天地の間、「気」の運動の遅速や集散の濃淡によって、様々なものが形を成す。比較的澄んだ「気」によって日月星辰が生まれ、比較的濁った「気」によって地上の様々な生物・無生物が生まれる。日(太陽)は月よりも、生物は無生物よりも清澄な「気」でできている。このように、この世界のあらゆるものは、「気」の状態の相対的な差によって説明されるのであった。

ひとたび始まった「気」の回転運動は、決して止まることなく永遠に続く。それと同時に、ものを生み出す造化の作用も永遠に続き、無限に多様なものが生み出され続けてゆく。ちなみに、中国思想は造物主としての「神」を想定しないので、「気」の回転運動とそれにともなう造化作用が何によって始まったか、いつまで続くのかを説明することはできない。むしろ、明日天が墜ちて地が裂けることを、経験に照らしてイメージできない以上、天地は確固として有るのであり、それを前提にするのが「有」の世界観なのである。この「有」の世界は何によって生まれたか、何によって支えられているのかというように、「有」の背後に遡ることは、儒教の忌避するところであった。しかしながら、朱子学はそういった問題にもきわどく接近することになる。このことは後述したい。

気と生死

天地の間において最もエネルギーに満ちた「気」が集まることによって生まれたのが人間である。すべては「気」である以上、生物と無生物、動物と植物、人間と動物の間の差異は「気」の状態の相対的な差異にすぎないのであるが、その中でも、人間は「精気」（きめの細かいエネルギーに満ちた気）が集まることによって生まれる。だからこそ、人間だけが運動したり、思考したり、他のものを支配したりすることができるのだ。

人が生まれるのは、精気が集まるからである。人は一定の量の気をもっているだけだから、必ずそれが尽きるときがくる。尽きれば魂気（たましい）は天に帰り、形魄《けいはく》（からだ）は地に帰り、そし

て死ぬのだ。(『朱子語類』巻三)

一定量の「精気」が集まって人間が生まれる。その中でも最もきめの細かい「気」が精神活動をし、やや粗い「気」が肉体的運動をし、最もきめの粗い「気」が肉体を形成する。人の一生は、固く凝結した「気」が年齢とともに徐々にゆるくほどけていって、最後は氷が水に溶けるように「気」の海に散じていく過程である。「魂気」とは精神活動を担っていた「気」であり、「形魄」とは肉体を形成していた「気」である。

人間の生死を「気」の集散で説明するのは、古くは『荘子《そうじ》』等にも見られる伝統的な発想であるが、朱熹の力点は別のところにある。すなわち、誰にとっても不可避の、それでいて不可知の「死」の問題を明確に説き明かすために、朱熹は「気」を持ち出しているのだ。人が死ぬというのは、「気」が散じることにすぎない。「気」の世界が刻々と運動・変化している以上、そしてその「気」の働きによって生を受けた以上、集まった「気」はいつかは必ず散じていくのは当然のことである。だから、死をむやみに恐れたり神秘化する必要はない。

とはいえ、そう言われて、死への恐怖や嫌悪が消える人は少ないであろう。死は「気」が散じることだというのは、今日の私たちで言えば、死は自然の物理現象だというようなものだが、だからといって、死を目前に感じている人の恐怖感が軽減するとは思いにくい。朱熹に言わせれば、年をとって死に近づいてゆくと、そもそも「気」の凝結がゆるまってきていて生命エネルギーが衰えているのだから、「生きたい」という気持ちも弱まっているはずだということになろうか。たしかに、老衰による自然死を迎える人が死への恐怖におののくとは思いにくいが、そんな穏やかな死にかたができる人の方がむしろ稀なのではないだろうか。多くの人は、生への未練を残しつつ、死の恐怖と闘わなければならない。

特に若くして死を迎えた場合、散じた「気」の個々のエネルギーがいまだ強いため、その「気」は周囲の「気」にうまく溶け合わず、しばらくはその周辺に留まることになる。その中でも、殺人などで怨みを強く抱いたまま死んだ人間の「気」は特殊な性質を残したまま、なかなか周囲の「気」に溶け込むことなく、様々な別の現象を引き起こす。これがいわゆる祟りや幽霊などの怪異現象なのである。

気と鬼神

中国では、人は死ぬと「鬼神《きしん》」になると言われる。「鬼神」とは、不可思議な力をもった死後の人間の霊魂のようなものであり、ふだんは生きている人間には見えないが、ときおり幽霊として姿を現わし生きている人間に災いをもたらすことがある。朱熹は、この「鬼神」を「気」の物質性で説明することによって、死後の世界や不可思議な怪異現象は恐れるに足らないということを強調する。朱熹は、死後の世界や幽霊の存在を、それこそ私たちのいう「気のせい」として否定しているのではない。昔から多くの証言があるのだから、そういうこともあるのかもしれない。しかし、そういうことがあったとしても、それは「気」の作用にすぎないと言うのだ。朱熹は次のように言っている。

たとえば風が起ったり雨が降ったり、雷が鳴ったり稲妻が閃いたり、花が咲いたり実を結んだり、それらはすべて鬼神の霊妙な作用でなくて何なのか。ただ人はそういうことは見慣れているので特に気にしないだけだ。そのくせ少しでも奇怪なことを見聞きすると、すぐに怪しがる。しかし、この世の中には本来そういった奇怪なことも当然あるのだから、頭からそんなものはないと否定することはできない。ただ、ものを生み出す気の働きの正常な姿ではないというだけのことだ。そういった奇怪なことは、陰陽の不正常な気を得ているからにすぎず、驚いたり惑わされたりしてはいけないのだ。（『朱子語類』巻三）

風が吹き雨が降るという現象も、私たちは見慣れているから何とも思わないが、考えてみれば不思議なものだ。いまここに自分が生きていることも同じこと、考えてみれば神秘的なことだ。しかし、生きている世界が当たり前ならば死後の世界も当たり前のこと、この世とあの世を隔てるものは何もない。すべてはこの閉じた世界に生起する「気」の作用にほかならないのだ。

ちなみに、朱熹の言い方にならえば、私たちの言う「幽霊を見るのは気のせいだ（幽霊など存在しないが、恐怖心がそういうものを見たような気にさせている）」は、次のように説明することもできる。すなわち、人の心に恐怖心が生まれるというのも「気」の独特な動きであるから、その恐怖心という気の変則的な動きが周囲の気に波動を及ぼして、そこに常とは違う怪異現象を作り出すこともあり得る、ということになる。

朱子学は、この世だけでなくあの世もすべて「気」で説明する。人が不条理に恐れる死も幽霊も祟りも、朱熹にかかっては身も蓋もない単なる物理現象なのだ。しかし、こうしたドライな説明は、儒教としての朱子学にとっては両刃の剣となる。というのも、儒教はその成立の初めから死後の世界と密接な関係をもち、死者との交流を何よりも重んじるからである。すなわち、祖先崇拝こそが儒教の最重要項目なのであった。

祖先崇拝の問題

儒教が親に対する「孝」を重んじていることはよく知られている。儒教においては、「孝」はこの世のあらゆる徳目の最上位に位置し、時には善悪や是非をも超えた価値をもつ。どんなに立派な人間でも、親不孝の一点ですべての評価が覆るのだ。

この「孝」は、自分の親に孝行を尽すことだけをいうのではない。「孝」において一番肝要なのは、親の死後も定期的に祭祀を行って親と祖先の霊をこの世に呼び戻し慰めること、そして子孫を残してその祭祀を途絶えさせないことなのであった。ちなみに、お盆やお彼岸などに亡くなった人の霊を迎えるという習慣は、仏教的なものと見なされているが、これは儒教の祖先崇拝を仏教が取り入れた結果であり、中国化した仏教の影響なのである。「輪廻転生《りんねてんしょう》」を説く本来の仏教では、亡くなった人の霊はしばらくすれば別のものに生まれ変わっており、子孫のもとに帰ってくることなどないのだ。

さて、儒教においては、親と子は同質の「気」をもっているとされる。日本語でいう「血のつながり」は、「気のつながり」なのである。この「気」のつながりを連綿と絶やさなければ、この世に子孫がいて祭祀をしてくれるかぎり、死後も時々この世に帰ってくることができるというわけだ。

朱熹は、祖先祭祀を次のように説明している。

人が死ぬと結局は気は散じてしまうのだが、すぐには散じ切らないので「感格（感じいたる）」の道理があるのだ。遠い昔の先祖については、気の有無を知ることはできないが、祭祀をする者はその子孫であり、結局のところ同じ一つの気でつながっているのだから、「感格」ということがあるのだ。とは言え、すでに散じてしまったものは、決して再び集まることはない。仏教では人が死ぬと鬼《き》（霊）になり、鬼はまた人になるというが、そうであれば、この天地において常に一定の数の人があの世とこの世の間を行ったり来たりするばかりで、新しいものを生み出す造化の作用は要らなくなってしまう。そんなばかな道理があるものか。（『朱子語類』巻三）

人の生死は「気」の集散にすぎない。死ねばその人を構成していた「気」はまわりの「気」に溶け込み、いずれ紛れてしまう。しかし、まわりの「気」と完全に溶け合って区別がつかなくなるまでにはしばらく時間がかかる。それまでは、そのあたりにその人の「気」が漂っているはずだ。その

「気」と同質の「気」である子孫が心を込めて祈れば（心の動きも「気」の動きである）、まわりに漂う「気」と感応を起こすことも可能なのだ。「感格」とは、子孫の思いに祖先の「気」が「感」じてこちらの世界へ「格《いた》」ることである。

朱熹は、祖先祭祀という、ある意味では気休めにすぎない行為を、「気」によって物理的に説明しようとする。「気」は散じる。しかし、すぐには散じ切らないから、しばらくの間は子孫の思いが死後の霊を呼び戻すことができる。そのあたりに「気」が残留しているかぎり、その「気」と同質の「気」の動きに反応することもあり得ることなのだ。その証拠に、遠い昔の先祖の「気」はどこへ行ったかわからないから、直接の反応はない。死後数年ごとの祭祀にもかならず終わりがあり、それ以上は先祖の「気」としてひとまとめにされ、子や孫にとって反応可能な範囲の霊とともに祀られるにすぎない。ちなみに、儒教においては養子は意味をなさない。異質の「気」がいくら念じても、物理的に感応はあり得ないからである。

気と運命・個性

人が生まれるとき、一番影響を受けるのは親の「気」である。しかし、それだけでなく、その人が生まれおちた時と場所の「気」の影響も大きい。占いが生年月日を基にするのもそのためである。詳しい占いの場合は、生まれた時刻や場所も問題とするという。人は、両親の「気」を核にその時その場所の「気」が凝結することによってこの世に誕生する。このとき凝結した「気」がその人の生涯を決定し、その「気」は途中で入れ換えることも、つぎ足すこともできない。現代風にいえば、親から承けた遺伝子は生涯変えようもないのと同時に、生まれた時代や土地柄の影響もぬぐい去ることはできないということだ。

したがって、人の寿命や運不運も、その人を構成している「気」の強弱によってあらかじめ定まっていて、基本的には変えることはできない。ただ、「気」を養えば、弱い「気」であっても散じていくペースを遅らせることはできる。中国には昔から、「気」を特別な方法で養い、不老長寿（果ては不老不死）を目指す思想があるが、朱子学はむしろそれらを蔑視している。朱子学にとっては、どれだけ長生きするかよりも、どのような人として生きるかの方が大切であったのだ。

人の寿命すら決定する「気」は、当然のことながらその人の個性をも決定する。その人の能力や才能から、その人の人柄にいたるまで、すべては生まれおちたときの「気」が左右する。おおまかにいえば、より清い「気」を受けた方が能力に秀で人柄的にもすぐれているのに対し、より濁った「気」を受けた人は、能力に乏しく人柄にも偏りや欠陥があるということである。

朱熹は次のように説明している。

人が生まれたときに受ける気の種類は様々で、清濁の二字だけではない。たとえば、ある人がとても聡明で何でもよく知っていたとすれば、その人の気は清いのであるが、もしその人の行為に道理に適わないところがあるとすれば、その人の気は厚みに欠けるということだ。またたとえば、謹厳実直な人の気は厚みはあるが、もしその人が物事の道理に通暁していないとすれば、その人の気は清くないということになる。（『朱子語類』巻四）

強弱・清濁・厚薄など、「気」の相対的な属性が無限に多様であることによって、人の個性や運命も様々となる。より善き人がより幸福で長生きし、より悪しき人がより不幸で早死にするとはかぎらない。ときには、善き人が不遇の一生を送ったり、悪人が世にはびこり長生きしたりすることは世の常であるが、それもすべて「気」のせいなのであった。

不遇な生涯を送った善き人の孔子と、孔子の愛弟子でありながら夭折した顔淵《がんえん》について、朱熹は次のように語っている。

孔子は清明なる気を受けて聖人であったが、その気は薄く弱々しいものであったので、貧賤の身に甘んじた。顔子の受けた気は孔子には及ばす、さらに短いものであったので、夭折したのだ。（『朱子語類』巻四）

人格や能力において非の打ち所のない孔子が、なぜその力を発揮し志を遂げる機会に恵まれなかったのか。儒者にとって最も悩ましいジレンマも、「気」のせいとして説明される。すなわち、孔子が生まれた春秋時代は「気」の衰えた時代であり、その生地である魯《ろ》の国の当時の「気」の状態も良くなかった。したがって、清明なる「気」を受け、すぐれた人間として生まれた孔子ではあったが、時と場所の「気」の影響により、幸運には恵まれなかったのである。

気質の変化

ところで、すべては生まれたときに受けた「気」のせいだとすると、ここに大きな疑問が生まれよう。それならば、人の一生は、どんなにあがいてもすべてあらかじめ決定されているのか、どんなに頑張っても人は変わることはできないのか。あるいは、こういう開き直りすら生まれよう。私がこんなにばかなのも、こんなにあくどいことをするのも、すべては私の「気」のせいなのだからしかたないではないか。

いわば「気」による宿命論は、ときにどうしようもない不運に見舞われた人の慰めにはなるのかもしれない。しかし、それは、人の向上心や努力といったものをあざ笑うものになりかねない。途中で入れ換えることもつぎ足すこともできない自分の「気」を、人はいわば運命として背負うしかないのか。そうだとすれば、人が生きていくとはどういうことなのか。

誰もが学問をすることによって聖人になれるというスローガンのもと登場した朱子学が、そのような宿命論に開き直っていられるはずはない。寿命や運不運はしかたがない。しかし、より良き人格をめざして自己変革をする余地をなくしてしまっては、学問も道徳も、そもそも人が生きる希望もいらなくなってしまう。朱子学は、むしろ「気」の変化、「気質（「気」が一定の性質として安定したもの）」

の変化を主張する。万物の中でももっとも質のよい「気」でできた人間であるからこそ、その「気」には自浄作用があるというのだ。犬や猫には（おそらく）向上心はない。人間だけが「気質」を変化させて、聖人に近づいてゆける。人間が人間であるのは、そういったすぐれた「気」でできているからなのだ。

いささか強引な理屈ではあるが、こうして、どうしようもない「気」に規定された個々の人間は、それでも人間である以上、誰もがみずからの「気質」を後天的な努力によって変化させ、理想的な状態に至ることができるとされる。そして、ここにはじめて、学問や努力や向上心といったものの成り立つ余地ができるのであった。

心の動きも気の作用

すでに述べたように、「気」による世界観においては、物と心の区別はない。物理現象も心理現象も、すべて等しく「気」の作用にほかならない。心の中で思ったことが、直接手を触れなくても外界の物に何らかの影響を与えるというようなことも、「気」の連鎖・波動と考えれば不思議ではない。ただし、これは、いわゆる念力のような超常現象をいつでも起こすことができると言っているのではない。かりにそういうことがあったとしても不思議ではないということだ。

こうした心の動きに関する「気」の説明は、現代の私たちにはいささかわかりにくいところがあるだろう。しかし、たとえば「病《やまい》は気から」などという言葉があるように、私たちの日常の経験の中にも、物と心の連鎖を感ぜずにはいられないこともある。
もう少し詳しく、朱熹の言葉をみてみよう。

心は、気の精爽《せいそう》なる部分によってできている。(『朱子語類』巻五)

人の発言・動作・思慮・営為を可能にしているのは、すべて気の作用である。(『朱子語類』巻四)

朱熹によれば、人間を構成している「気」のうち、もっとも「精爽」なる部分によって心ができている。「精爽」の「精」はきめが細かくエネルギーが凝縮している様子(「精液」をイメージしてほしい)、「爽」はすっきりと澄んで滞りがなくスピード感にあふれている様子を指す。人間は他のあらゆる物にくらべて質のよい「気」でできているが、その人間を構成している「気」の中でも、比較的きめの粗い鈍重な「気」によって肉体ができ、最も良質の部分によって心ができているのだ。

物理的な運動である人間の動作や発言が「気」の作用ならば、思慮のような心の動きも同じく「気」の作用なのであるが、心を構成している「気」の質がすぐれているため、心は肉体という限定を、時間的にも空間的にも超えることができる。すなわち、心は過去や未来にまで思いを馳せることができ、いまここに見えない遠くのものやことについて思いを至すことができるのだ。このエネルギーとスピードに満ちた「気」の動きである心の動きが、肉体という容れ物をつくっている「気」を通じて、肉体を取り巻いている外界の「気」へと連動し、果ては外界のある位置に物として固まっている「気」にまで届くことも決してあり得ない話ではない。

朱熹は次のように言っている。

鬼神は気にすぎない。屈伸往来するものは気である。天地の間、気でないものはない。人の気と天地の気とは常につながっていて、隙間などないのだが、人がそのことを知らないだけだ。人の心が少しでも動けば、すぐに気に連動し、屈伸往来するものと感通し合う。たとえば、占いなどは、すべて心の中にもともとあるものを言うだけで、心が動けば必ずそれに応じた反応があるのだ。

(『朱子語類』巻三)

すでに述べたように、「鬼神」とは死後の霊魂のようなもので、常に私たちのまわりを「屈伸往来(行ったり来たり)」している。私たちが見慣れた自然現象も、不可思議な怪奇現象も、すべて「鬼神」の運動によるものであり、それは「気」にすぎないのだ。人の心の動きも「気」の動きであり、外界との間には隙間はなく「気」でつながっているのだから、心の動きが外界の物の動きに連動することも不思議がる必要はない。

朱熹が例に挙げている占いで言えば、たとえば何かの判断を占うとき、実は人は心の中ですでに判断を下しているのだが、そのことを自覚していない。しかし、無意識のうちのその微かな心の動きは、

「気」の動きとして波動のように伝わり、外界の筮竹やコインといった物に影響を与えることがあるのだ。

理気二元論

以上のように、朱子学は、中国に生まれた思想の例にもれず「気」の世界観を前提としているというだけにとどまらず、「気」を有効な説明手段として意識的に活用している。すべては「気」であるということによって、この世に（あるいは、あの世にも）不可思議なことなど何もなく、すべては説明可能だというのが、朱子学にとっての「気」の価値なのであった。

ところで、朱子学というと、「理気二元論」という言葉を思い浮かべる人も多いかもしれない。理気二元論とは、この世のすべては「気」と「理」の二つによって説明できるという考えであり、二元論とは言うものの、「理」と「気」は対立する概念ではない。「理」とは何かについては次章で詳しく述べるが、「理」と「気」の関係について、朱熹は次のように語っている。

この世界に理のない気はなく、気のない理もない（気によって形ができると、同時に理も賦与される）。
（『朱子語類』巻一）

人の発言・動作・思慮・営為を可能にしているのは、すべて気の作用であるが、そこには理が存在する。だから、気が発動すると孝悌忠信仁義礼智《こうていちゅうしんじんぎれいち》などとなるのであって、それらはみな理なのだ。(『朱子語類』巻四)

あらゆるもの、あらゆることはすべて「気」であるが、ものやことがあるならば、そこにはかならず同時に「理」がある。「気」だけ、あるいは「理」だけのものやことは想定できない。つまり、私たちがものやことを認識するということは、ひと連なりの「気」を「理」によって分節するということにほかならないのだ。いわば、あるがままの世界は「気」の世界であるが、その世界を見る視線が登場することによって、世界は「理」の世界となるのであった。

このことを、章を改めて詳しく説明しよう。

第三章　理屈っぽいのが玉に瑕——朱子学の世界認識

朱子学＝理学

朱子学は「理学」と呼ばれることがある。中国思想史において、理学といえば朱子学を指す。ちなみに、朱子学を批判した陽明学は「心学」と呼ばれるが、朱子学における最重要課題が「心」の問題であったことについてはすでに第一章で述べた通りである。「心」のための朱子学は、後にいわゆる心学から批判されるようになるのだが、この中国思想史の皮肉については、後に改めて論じることにしたい。

理学という名称は、明治のはじめ日本が西洋の学問を輸入した際には、現在の哲学や物理学を指す名称として用いられたこともあった。当時の日本人の教養の基礎は江戸時代の朱子学であり、彼らにとって、西洋の学問に一番近しく感じられたのは、理学としての朱子学であったのだ。

私たちは今日でも、物理学・地理学・生理学・倫理学・心理学……というように「○理学」という形式の学問の名称を多く使っている。物理学ならば物の「理」を探求する学問、心理学ならば心の「理」を探求する学問、ということであろうが、それならば改めて問い直してみてほしい。物理学は物質の何を探求しているのか、心理学は人の心の何を探求しているのか。その何かを、当時の人は「理」と呼んだということなのだ。ただし、今日の私たちがイメージするその何かと、朱子学の「理」が果たして同じものであるかどうかは、この後追々考えてみたい。

気の世界からの人間の逸脱

すでに繰り返し述べたように、朱子学は「気」の世界観の上に成り立っている。ところが、前章の最後で示唆したように、「気」の世界は、その世界を外側から見る視点によってはじめて、ものやことの世界として立ち現れる。逆にいえば、「気」の世界を外側から眺める視線がなければ、この世界はひと連なりの「気」の運動・変化として、ものもことも、主体も客体も未分節のまま、流動しつづけるにすぎないのだ。

ところが、このひと連なりの「気」の世界から、人間だけが逸脱してしまう。すでに述べたように、人間もこの世界の一部であるかぎり、本来は「気」の一部として万物と連続している。にもかかわらず、人間だけが、言語をもったがゆえか、この世界をものやことに分節し、それを外側から説明しようとする。そもそも、この世界は「気」であるとか、人もものもすべて「気」でつながっているとかいう説明自体、その発想であれ発話であれ、「気」の作用にほかならないのだが、それでも人間だけが、あたかも本能に突き動かされたかのように、この世界を説明しようとする。まるで、そうしなければ生きてはいけないとでも言うかのような人間のこの営みも、自然界の様々な営みと同様、すべては「気」の動きの一部にすぎないにもかかわらず、人間は各々「私」として「気」の世界から逸脱し、外側から世界を見る者になってしまうのだ。

「私」の前には、「私」だけを欠いたひと連なりの「気」が多様な運動・変化を繰り広げている。「私」もその一部であるはずの世界を見つめ続けるかぎり、世界に「私」は含まれない。「私」は本来の居場所から切り離れ、寄るべのない不安を抱えたまま、ひとり世界の外に立ち尽くすしかない。この不安に打ち勝つために、「私」は世界を説明しようとする。まるで、世界を説明すれば、「私」の本来の居場所がわかり、そこへもどってゆけるかのように。

朱熹のいう「あらゆるものごとは気でできているが、そこには必ず理がある」とは、この世界はすべて「気」の作用であるが、「私」はそれを説明できるということを意味している。「理」とは、ひと連なりの「気」の流れをものやことに分節し、あたかもそれぞれに名称を与えるかのごとく、そのもののやことを説明するとき、その説明される何かを意味しているのだ。

理とは何か?

「気」という漢字同様、私たちは「理」の字を含むたくさんの言葉を使っている。「理性」「理想」「理由」「理屈」「理論」「道理」「真理」「論理」「理にかなう」「盗人にも三分の理」……。これらの「理」の字に通底する意味をイメージしてみてほしい。「理」の字を使わずに、「理」を別の言葉に置き換えてみるのは存外難しいことに気づくであろうが、さしあたり「意味・意義・本質・価値・法則性・秩序・すじめ・パターン・正しさ・妥当性……」といったところであろう。朱熹は、端的に「理」定義している。

天下のものごとについて言えば、必ずそれぞれ「然《しか》る所以《ゆえん》の故《ゆえ》」と「当《まさ》に然《しか》るべき所の則《のり》」とがある。これがいわゆる「理」である。(『大学或問《わくもん》』)

「然《しか》る所以《ゆえん》の故《ゆえ》」とは、それがそれであってそれ以外ではないことを支えている根拠・理由・本質であり、「当《まさ》に然《しか》るべき所の則《のり》」とは、それがそれである以上当然そうでなければならない法則・規則性・役割を意味している。言い換えれば、「天下のものごとには必ずそれぞれ理がある」という朱子学の根本前提は、あらゆるものごとにはそれぞれ置き換え不可能な価値・意味があり、それとして果たさなければならない役割があるということを意味しているのだ。

ちなみに、先に見た日本語の中の「理」の字同様、朱熹の時代の中国語においても、「理」の字は日常語の一部であった。朱熹の発言を記録した語録『朱子語類』は、当時の話し言葉の色彩を濃厚に残すものであるが、その中にも、朱子学タームとしての「理」とは異なる、ごく一般的な「理」の字の用例はいくらでも見つけることができる。たとえば「そんな道理はない」「いったいどんな道理なのか」というような語気を表すときに使われる「理」の字があるが、こうした日常語としての「理」の意味の延長上に朱子学の「理」はあるのであった。

個別性・多様性の原理と世界の均一感

あらゆるもの、あらゆることにはそれぞれ一つずつその「理」があるということは、逆に言えば、それぞれのものやことの個別性を支えているのは「理」にほかならないということである。AにはAの「理」があり、BにはBの「理」があるのであって、「理」としてAは決してBではなく、Aは決してBであってはならないのだ。つまり、「理」とは、それぞれのものやことの個別の価値や意味を支えるものなのである。それと同時に、この世界は「理」によって多様なものやことに分節されることになる。「理」は、この世界の中の多様性を支える原理でもあるのだ。

この世に「理」のないものやことはない。この世界は、「理」という網目にすっぽり覆われている。「理」の内容は個別であり、それゆえ世界は多様な「理」によって彩られているが、例外なく「理」が一つずつあるということにおいて、世界は均一化されている。

こういった「理」の有り様を、朱熹は、北宋の程頤(伊川)の「理一分殊《りいっぷんしゅ》」という言葉を借りて説明する。「理一(理は一つ)」とは、あらゆるものやことにはかならず一つずつ「理」があるという天地万物における均一性をいうものであり、「分殊(分は殊《こと》なる)」とは、個々に分かれたものやことの「理」はそれぞれ異なるということである。朱熹は、程頤のこの言葉を、「理」を絶妙に表現したものとして高く評価している。

伊川はうまい表現をしている。「理一分殊」だ。天地万物全体からいえば、理は一つにほかなら

ないが、人についていえば、それぞれ一つずつ理をもっている。(『朱子語類』巻一)

「理は一つ」というのは、「理」の内容が究極的には一つに集約されるということではなく、個別の「理」が織りなす多様多彩な世界にあって、何ものも例外なくそれぞれの価値と役割をもって存在し、そうした均一性が一つの世界を形成しているという意味なのである。

人間における理＝性

前章で述べたように、万物万象はすべて「気」であるが、その中でも人間は特に「気」の良質の部分でできている。その人間が人間であって他のあらゆるものとは異なるゆえん、すなわち人間の価値・意味、あるいは人間である以上かならず果たさなければならない役割が人間の「理」なのであるが、朱熹はそれを「性《せい》」と呼ぶ。「性」とは、人間の生まれつきの本性であると同時に、人間の「理」なのであり、そしてその「性」は善なるものというのが儒教の「性善説」なのであった。

「性」という概念は、本来は人間以外のものにも当てはめることができる。犬には犬の「性」があり、猫には猫の「性」があるというように、それぞれの生まれつきの自然な本性が「性」と呼ばれる。それぞれの「理」をそれぞれの「性」と呼ぶとき、「理」はより自然なもの、あるがままのものとしてイメージすることが可能になるが、あるがままの本性には本来善悪といった価値判断は含まれない。犬や猫の「性」について、善悪を論じる必要はない。ところが、人間の「性」についてだけは、善であると言わなければならない。ちなみに、前章で述べた、良質の「気」でできている人間だからこそ、その「気」には自浄能力があり、より理想的な「気」の状態に至ることができるということの根拠は、人間の「性」が善であるからなのであった。

同様に、「理」は本来善悪といった価値判断とは無縁のものであるのだが、人間の「理」を「性」と呼ぶことによって、「理」も善なるものと想定しなければならなくなる。つまり、この世界のあらゆるものやことは、本来のあるがままの姿において善なるものであり、それら多様な有り様は美しく調和しているということである。

この美しい世界の調和の中で、ひとり人間だけがときにその調和をかき乱す。かき乱しておいて、改めて本来の美しい調和の世界への復帰を願うのが、人間なのであった。

人はなぜ理を求めるのか？

この世界は、生き生きとしたエネルギーに満ちた「気」によって、一瞬もとどまることなく、未来永劫様々なものやことを生み出し続けている。その世界を外側から眺めるならば、そこに見えるのは無秩序な「気」の動きではなく、この上なく美しい秩序であり、ため息がでるような妙なる調和である。そのとき、その眺めていた者はふと我に返る。この美しい世界において、「私」はどこにいるのか。目の前の世界に「私」は見えない。「私」だけを欠いた世界はかくも美しく善きものとして目の前にあるのに。いや、「私」もその世界の一部であったはずだ。世界の一部として、万物とつながっていたはずだ。それなのに、眺める「私」はたったひとり世界から切り離されてしまっている。なんという孤独、なんという心細さ……。

「私」はたったひとり、目の前の世界（外界）と断絶している。しかし、「私」は外界と何の関係をもたないわけではない。むしろ、「私」は外界に振り回される。「私」は「心」において、常に外界の影響を受け、「心」を揺り動かされる。無限に多様な「気」の動きに反応して、「私」の「心」は常に紛擾し、かき乱される。なんという不安、なんという落ち着かなさ……。

かくして、人は「理」を求めずにはいられない。この世界の一部としての自分自身の居場所を知るため、あるいは外界の無限の刺激に対抗し安心を得るため、人は世界を「理」によって説明せずにはいられないのだ。

孤独と不安に突き動かされて、人はひと連なりの「気」の動きを「理」によって分節し、それと同時にものやことを創り出す。「理」に先立ってものやことがあるのではない。それはちょうど言葉で名付けることによって、ものやことが分節され意味が付与されるのに等しい。言葉で指示できないものやことは意識の対象にはならないのであり、意識の対象に上るときにはそれはすでに名付けられている。とは言え、ものやことのないところにあらかじめ「理」を想定することもできない。言葉の意味を、言葉という媒体なしに想定することができないのと同様に、「理」はあくまでもものやことの創出・認識と同時にのみ存在するのだ。

「きちがひにならないため」

人が「理」を求めざるをえない極限的な状況をみごとに言い当てたものとして、宮沢賢治の詩の一節を紹介したい。

……けれどもとし子の死んだことならば
いまわたくしがそれを夢でないと考へて
あたらしくぎくつとしなければならないほどの
あんまりひどいげんじつなのだ
感ずることのあまりに新鮮すぎるとき
それをがいねん化することは
きちがひにならないための
生物体の一つの自衛作用だけれども
いつまでもまもつてばかりゐてはいけない……

（『春と修羅』「青森挽歌」）

最愛の妹とし子の死は賢治にとって「あんまりひどいげんじつ」であった。賢治に襲いかかった「げんじつ」は、激しく賢治をゆさぶり、そのままでは「きちがひ」になってしまいそうなほど「あまりに新鮮すぎる」ものであった。こうしたとき、人は往々にそれを「がいねん化」する。すなわち、その出来事の意味＝「理」を求め、なんとかそれを説明し理解しようとする。そうしなければ、人はどうにもならない現実の強度に打ちのめされ正気ではいられなくなってしまう。それは「生物体の一つの自衛作用」であるのだが、賢治は「いつまでもまもつてばかりゐてはいけない」という。それは、現実の重みとそれによって引き起こされた感覚の強さに対して、概念化して得られた「理」がいかにも矮小化されたものであることを知っていたからであろう。

どうにもならない現実に激しく揺り動かされたとき、人はそれを理解可能なものにして受け止めようとする。しかし、人はわかるようにしかわからない。現実はもっと複雑で強烈であるのかもしれないのに、人は受け止められるようにしか理解できない。無限に複雑で強烈な現実を、有限かつ必要に応じて単純化してしまうとすれば、そこにはどうしても誤魔化しがある。人の生命維持のために必要なこととは言え、現実に対する欺瞞が嗅ぎ取られる。「いつまでもまもつてばかりゐてはいけない」としたのは、そうした欺瞞への賢治の嗅覚であり、文字通り命をかけた賢治の決意であったのだろう。

人が「理」を求めずにはいられないのは、賢治の言う「きちがひにならないため」である。しかし、賢治も気づいていたように、「理」はときに人を欺瞞に陥れるのであった。

理の根拠

世界を、あるいは現実を、恣意的に単純化してしまうとすれば、そのことのツケは必ず回ってくる。不安を不安としてもちこたえることができなくなったとき、その不安の正体を言い当てて楽になりたいと思うことは人の常なのかもしれない。その素朴な願いは認めざるを得ないとしても、楽をすれば必ずそのツケは回ってくる。少なくとも、楽をしたことに対する後ろめたさに気づかないほど、人の心というものは鈍感なものではない。人の心は存外正直なものであり、みずからが保身のために用いた「理」の欺瞞を感じずにはいられない。そのとき、人はあわてて「理」の根拠にしがみつこうとするのであるが、同時にその根拠の意外なほどの脆弱さに気づくはずである。

さらに言えば、世界に、あるいは現実に「理」を求め、それによって心の安定を図るとすれば、そこにはかならず正しさや妥当性の意識が不可欠になる。「理」は、正しく妥当であると感じられなくてはならないのであり、そうであるからこそ、「理」は人の心を楽にしてくれるのだ。とは言え、その正しさや妥当性を支えてくれる根拠は何なのだろうか。その根拠は意外なほど頼りないものでしかない。

何が正しいのか、なぜそれが正しく妥当なのか、すなわち何が「理」であり、「理」の根拠は何なのか、それは突き詰めれば「説得力」の問題にしか行き着かない。正しいとされるかぎり正しいのであって、それ以外に正しさの根拠を遡ることはできない。科学的な真理であれ、宗教的な信仰であれ、世間の常識であれ、「それが当たり前の道理だ」という納得以外に、「理」に根拠を与えるものはない。こうした人の納得というこの極めて移ろいやすい「理」の根拠は、移ろいやすいがゆえに、実際には現実社会の力関係に応じて、ときに絶対の根拠としてその正しさを押しつけてくる。すなわち、強者・多数者の「理」は、弱者・少数者にとって、納得を待つまでもない絶対の正しさとして立ち現れるのであった。

理が人を殺す

「理が人を殺す」、これは戴震《たいしん》（一七二三～一七七七年）という中国清朝の朱子学批判者の言葉である。「理」には法律のように目に見える境界線がない。「理」は、目に見えない暗黙の了解で人々を心理的に縛るものだ。分かる人にはごく自然で当たり前のこの境界線を、ときに誰かがふと越えてしまうかもしれない。法律を犯すならば、犯す者もそのことを自覚できるであろう。しかし、「理」を犯す者は、その理由も分からないまま、ときに刑罰よりも残酷な社会的制裁を受けるのである。犯罪者となるよりも、「非常識だ」「普通ではない」「変なやつだ」と言われることの方が残酷な場合もある。

繰り返せば、「理」の根拠は、その時代その社会において大多数の人が「それが正しい」「それが当然だ」と認めているということ以外にはあり得ない。さらに言えば、時代や社会によって、人が何に説得力を感じるかは同じではない。伝統的な権威がものを言う時代もあれば、実証的なデータが絶対視される時代もある。人情の自然としての常識が抜き差しならないものと感じられる場合もあれば、カリスマ的人物の発言ゆえに信じて疑わないという場合もある。しかし、どの社会どの時代においても、大多数の「理」に違和感を感じる少数の人たちが存在する。彼ら少数者は、異端者として、変人として、社会から葬り去られる。もしかしたら、彼らこそが新しいパラダイムを切り開く先駆けであるのかもしれないのに。

「理」は他者の共感を求める。それも、できるだけ多くの、できるだけ力のある他者の共感を求める。多くの人や力ある人の承認があればこそ、「理」は人の心を安定に導く。「これでいいのだ」「私はまちがっていない」「それが当たり前の道理なのだ」「なんだそういうことか」……。心の不安がしがみついた「理」であればこそ、「理」は、根拠は何であれ、実感的な納得が不可欠なのであった。

理批判の難しさ

以上、繰り返せば、朱子学の基本テーゼ「あらゆるものには理がある」とは、あらゆる物事には意味があり価値があり、あらゆる物事には正しさや妥当性があり、それゆえあらゆる物事は説明可能だということを意味している。そして、「理」の根拠を考えるならば、「理」の世界とは、極論すれば、思い込みの世界ということもできるだろう。

改めて考えてみれば、私たちは今日なお「理」によって閉じた世界に生きているとも言えるのかもしれない。「理」の存在を暗黙の前提とし、「理」を求めることによってその都度ほっと安心しながら、私たちは生きている。それは、日常生活だけにとどまるものではない。いわゆる学問的な探求においても、物には物の「理」があり、心には心の「理」があるということを前提に、物質を説明し、人の心を説き明かそうとしている。「理」の内容は、時代とともに場面とともに変化するのかもしれない。説得力を失った「理」は別の「理」によって取って代わられなければならない。しかし、「理」の存在自体を否定することは容易ではない。「理」などないという主張そのものが、別の「理」となってしまうからだ。

理学としての朱子学に対する批判は、朱熹の同時代以降枚挙にいとまはない。しかし、それらはすべて、何を「理」とするのか、何を「理」の根拠とするのかということを争うものであって、「理」という発想そのものに向けられたものではない。

「理」という発想を「からごころ（漢意）」として批判した日本の本居宣長《もとおりのりなが》（一七三〇～一八〇一年）は、「理」批判の困難を次のように指摘している。


漢意《からごころ》とは、中国風を好み、中国を尊ぶことだけを言うのではない。世間の多くの人が、何事につけても善悪是非を議論し、物事の道理を決めつけて言うようなたぐいは、すべてみな中国の書物の影響であるということだ。（中略）自分は漢意などもっていないと思い、「これは漢意ではない、当たり前の道理だ」などと思うことがまさに漢意から離れがたくなってしまっているのである。

（『玉勝間』）


宣長に倣《なら》えば、「これは朱子学ではない、当たり前の道理だ」ということが、まさしく朱子学的ということになろうか。ちなみに、「理」という発想そのものを「漢意」として批判した宣長は、あらゆるものごとはすべて人の賢《さか》しらでははかり知れない「神の御心御しわざ」とし、いわゆる理性の外側に立つのであった。

朱熹の理批判

朱子学は理学である。しかし、理学の祖たる朱熹は、「理」という概念の孕む危険性を十分に自覚していた。それは、「理」の抽象化・空虚化とでも呼ぶべき事態である。

道理というものは、わかってしまえば、どうしてもそうでなければならないことなのだ。たとえば竹の椅子は、四本の脚が真っ直ぐでそろっていてこそ、座ることができるのだ。もし脚を一本欠けば、絶対に座れない。わかっていないときには、当て推量で、二本脚でも座れるとか、三本脚でも大丈夫だなどと言うかもしれないが、実際に座ってみれば、座れないだけのことだ。牛の鼻を穿って鉄の輪をつけ、馬の首に面《おも》がいをかけるのは、それが自然の道理に合致しているからで、もし牛の首に面がいをかけ、馬の鼻を穿つとしたら、決してうまくいきはしない。(『朱子語類』巻九)

椅子が椅子であることを支えている根拠であり、椅子が椅子である以上果たさなければならない働きとは、端的に「座れること」である。この椅子の「理」は、理屈ではなく実際に座れるかどうかという現実に裏打ちされている。牛の鼻を穿つことは「理」に適うが馬の鼻を穿つことは「理」に適わないというのは、牛や馬の生物としての形態に由来していて、事実馬の鼻をうまく穿つことはできはしない。

理屈ではどのようにでも言えるかもしれないが、実際にたしかめてみれば一目瞭然、「理」とは本来そういうものであるはずだった。ところが、人は往々にして「理」を空虚に語り始めてしまう。

理よりも物を

「理」とは本来、ひと連なりの「気」の運動をものやことに分節する私たちの視線が見出したものであった。その意味において、「理」は本来、ものやことと相即の関係にある。ものやことに先立って「理」があるのではないし、「理」に先立ってものやことがあるのでもない。ところが、「理」はときとしてものやことを離れて一人歩きを始めてしまう。

(『大学』は)「格物《かくぶつ》」というだけで「窮理」を言わない。つまり、「理」と言えば、捉えどころがなくなってしまい、「物」はときとして「理」から離れてしまうが、「物」と言えば「理」はおのずからそこにあり、離れることがないからだ。(『朱子語類』巻十五)

『大学』とは、朱熹たちが依拠した経書の一つであるが、その中の「格物(物にいたる)」という言葉を「事物の理に窮め至る」と解釈したのは、ほかならぬ朱熹自身であった。ちなみに、「物」という字は、今日の私たちが用いる物質・物体としての物の意味だけでなく、いわゆる事の意味も含む。意識の対象としてひとまとまりに名指しできるものは、物であれ事であれすべて「物」と呼ばれるのだ。その「物」に対して、「事物の理」と注釈をした朱熹は、改めて経書の本文が「理」ではなく

「物」と言っていることに注意を喚起する。すなわち、「理といえば捉えどころがなくなってしまい、物はときとして理から離れてしまう」という朱熹の危惧を知っているかのように、「物と言えば理はおのずからそこにあり、離れることはない」からこそ、『大学』の本文は「理」と言わず「物」とだけ言っているのだ。

朱熹はさらにつぎのように語っている。

人はよく道理というものを宙に浮いたような空虚なものと考える。『大学』が「窮理」と言わず、「格物」とだけ言うのは、人に事物に即して考えるよう求めたからで、そうであってこそ「実体」がわかるのだ。ここにいう「実体」とは、事物に即してでなければ理解することはできない。たとえば、船を造って水の上で動かし、車を造って陸の上で動かすようなもので、たとえ多くの人が力を合わせて押したとしても、船を陸の上で動かすことはできない。その事実にぶち当たったとき、人は初めて、船は陸の上では動かすことができないということがわかるのだ。これが「実体」だ。

（『朱子語類』巻十五）

船が水上をいとも簡単に動くこと、反対に陸上で船を動かそうとすればどれだけ困難であるかということ、こういった現実の実感こそが船の「理」を支えている。船という「物」の「理」を窮めるとは、こうした船の動かしようのない「実体」を身を以て実感的に知ることを意味しているのであった。

繰り返せば、「物」を「物」たらしめているのは「理」であり、ある「物」を別の「物」と区別しているのはそれぞれの「理」にほかならない。しかし、すでに述べたように、人は心の安定を求めて、「理」によって現実の強度を都合良く調整してしまう。それが可能であるのは、「理」が言葉によって語られるからである。言葉によって「理」を語るとき、人は本来の「物」との相即関係を忘れ、頭の中で「理」を抽象化してしまう。

経書の「物」の字を「事物の理」と読み替えた朱熹が、改めて「理」よりも「物」に重きをおいたのは、こういった「理」の抽象化・空虚化に対する警戒ゆえであったのだ。

高きを好む

言うまでもなく、「理」は本来抽象的なものであり、「気」という物質的な概念によって構成される事物の具体性とは区別されなければならない。「理」が在るということは、事物にとっての名称や概念のように、あるいは言語の媒体（文字や音声）にとっての意味のように、五感でその存在を確認することができるような在り方とは区別されなければならない。それでもなお、朱熹が危惧してやまない「理」の抽象化・空虚化とは、「理」が事物を離れ、心における実感を離れて、空虚に語られ、一人歩きする事態であった。

こうした事態を招く原因を、朱熹は、学ぶ者たちの「高きを好む」傾向にあると考えていた。

ここの学ぶ者たちの多くは、高尚そうな議論を好み、ちょっと理屈を聞きかじるとそれをあれこれ多くの話にしてしゃべり出す。以前ここの人たちが婚姻に関する書物を作ったのを見たが、やはり天命だの人倫だのと大げさな議論だった。男が娶《めと》り女が嫁に行くというのは、当たり前のありふれたことなのだ。それを、高尚そうに飾り立てて議論しているのは、きっと卑近を厭う気持ちがあるからだろう。そういうのは、自分のためにならないし、名声や見栄を求めるだけのことで、みずからを欺くことにもなる。(『朱子語類』巻八)

「高きを好む」とは、日常的で卑近な問題に飽きたらず、より抽象度の高い議論を好み、原理性に向けて思考を先鋭化しようとする傾向を指す。こうした傾向は、真面目で優秀な者ほど陥りやすい傾向であり、そもそも「理」などという概念をもちだした朱子学こそが、儒教本来の姿から見れば「高きを好む」ものとして真っ先に批判の槍玉に挙げられなければならないのかもしれない。とは言え、後世の朱子学批判を予期するかのように、朱熹は理学の孕む危険性を、人の理性の陥りがちな傾向に見ていたのである。すなわち、理性は往々にして分をわきまえずにその触手をどこまでも伸ばし、そして身近な現実に足元をすくわれやすいということだ。この、いわば理性の暴走とでも呼ぶべき事態を、理学の祖たる朱熹は何よりも警戒していたのである。

心と理

以上、朱子学における「理」の意味を、できるだけ原理的に考えてきたが、ここで改めて朱子学の最優先課題を思い出してみてほしい。第一章の最後で述べたように、朱子学の目指すものは、「心」と「理」の調和であり、それを最も端的にあらわしたのが孔子の「心の欲する所に従いて矩を踰えず」の境地であった。また、そもそも朱子学は、仏教に対抗するために、何よりもみずからのこの現実の「心」の問題を解決し、自由で安定した「心」を獲得することを使命としていたのである。

「心」と「理」の関係を朱熹は次のように述べている。

理は何かひとつのもののように目の前に在るのではなく、わが心に在るのだ。人はそれがたしかに自分自身に在ることを実感すればよいのだ。(『朱子語類』巻九)

心と理は一つであって、理が一箇のものとして目の前に在るのではない。理は心の中に在って、心が蓄えきれなくなると、物事に応じて発揮されるのだ。(『朱子語類』巻五)

「理」は「心」に在るというのは、二つのことを意味している。一つは、あらゆるものやことに「理」があるように、人には人の「理」があり、人の「理」は人の「心」にこそあるということである。言い換えれば、人が人であって禽獣や木石ではない根拠や価値、あるいは人が人である以上必ず果たさなければならない役割は、「心」にこそ見出されるということである。つまり、人は「心」ゆえに人なのであり、人である以上「心」を見失ってはならないということなのだ。

もう一つは、人の「心」が潜在的にあらゆる「理」を具《そな》えているということである。人は「心」に万理を具えているからこそ、外界のものやことの「理」を知ることができるのであった。

この心は何ものにも限定されず聡明であり、万理をすべて具えている。心の外で理解したものは、心の内に本来あったものなのだ。（『朱子語類』巻一一四）

心は万理を包んでおり、万理はひとつの心に具わっている。心を保持できなければ、理を窮めることはできないし、理を窮めることができなければ、心を十分に発揮することはできない。（『朱子語類』巻九）

「心」は、人にとっての「理」の在処《ありか》であると同時に、世界を「理」によって説明し得る知的な能力の在処でもあるのだ。

性即理と心即理

朱子学において、「理」は常に「心」とともに見出される。みずからの存在の意味や価値を支える

「理」はみずからのこの「心」にこそあり、人がこの世界の多様な「理」を知り得るのも「心」があるからにほかならない。そして、「心」とともに見出される「理」だからこそ、「理」は空虚な絵空事ではなく、「心」の実感という十分な説得力をもつことができるのであった。

このことは逆に言えば、朱子学は、「心」の尊厳を「理」という概念で裏打ちしたということにもなる。「心」という、ある意味とらえどころのないものを、朱子学は「理」によってたしかなものにしようとしたのだ。

しかしながら、本来「心」ほど厄介なものはない。人は「心」ゆえに尊いのかもしれないが、同時に、いつの時代も「心」ゆえに人はもがき苦しむ。そんな「心」の不安に対処したからこそ、仏教は儒教を凌いで人々の心を捉えたのであり、朱子学にとっての出発点もまさにそこにあったはずである。つまり、現実の「心」は、不安定で不善に満ち、必ずしも美しい秩序としての「理」と合致するとはかぎらないということだ。

朱熹は、この最もあてにならない、それでいて最もぬきさしならない「心」という厄介なものに対しても、十分慎重な態度をとる。すなわち、現実のこの「心」をそのまま「理」とするのではなく、「心」を分析し、その一部である「性」を「理」と等置する。これがいわゆる「性即理」である。

一般に朱子学の「性即理」に対して、朱子学を批判した陽明学は「心即理」を唱えたとされる。陽明学の「心即理」の意味については後に詳しく触れることになるが、ここではまず、朱子学が「心」をまるごとそのまま「理」とすることに慎重であったことに注目しておきたい。

朱子学は、現実の「心」を出発点に、より本来的な、より理想的な「心」を求めて努めてゆくことを前提とする。そして、現実の「心」がかならずしも「理」と調和していないこと、それでも人は努力によって「心」と「理」の調和を実現できることを整合的に説明しようとする。そのため、「心」という概念は、修養・実践という時間性の中で、より細かな分析が加えられることになる。

章を改めて、朱子学における「心」の構造に迫りたい。

第四章　たかが心、されど心――朱子学の最優先課題

狭義の心学・広義の心学

中国思想史において、「心学」とは一般に陽明学を指す。陽明学は、明の時代の王守仁《おうしゅじん》（号は陽明、一四七二～一五二八年）の学派であり、当時すでに御用学問と化していた朱子学に対する疑問をその出発点としていた。

陽明学が心学と呼ばれるのは、そのスローガンともいうべき「心外無理（心の外に理は無い）」や「心即理（心こそが理だ）」という言葉による。すなわち、陽明学は、「理」の在処も根拠もすべて「心」であることを強調したのであった。言い換えれば、陽明学にとって、朱子学は「心」とは無関係の外在の「理」を求めることに汲々とし、外在の「理」によって我が「心」を縛るものと映っていたということである。陽明学が「心学」と呼ばれる場合、その批判対象としての朱子学が「理学」と呼ばれるのはそのためにほかならない。

しかしながら、これまで繰り返し述べたように、朱子学の最優先課題は「心」の問題であり、目指しているのは「心」と「理」の調和であった。その意味では、朱子学を広義の「心学」と呼ぶことも

あながち不当なことではない。少なくとも、朱子学によって、「心」の問題がはじめて儒教の問題として意識されたのであり、陽明学はその問題意識を継承しているにすぎない。そして、「心」という現実の実感を、「理」という規範意識との関係において考えるという枠組みも、陽明学は朱子学と共有しているのである。

両者に違いがあるとすれば、その出発点である「心」と「理」の対立を、朱子学は「理」から「心」へ、陽明学は「心」から「理」へという正反対の方向で調和させようとしたということにほかならず、そこにこそ陽明学が朱子学を批判しなければならなかった要因があるのだが、そのことは後の章で改めて詳しく述べたい。

朱子学においても、「心」こそが「理」なのであった。とは言え、万事に慎重な朱熹は、現実のこの心をそのまままるごと「理」とすることはできなかったのだ。以下、朱熹がいかに「心」を分析したかをみてみたい。

性と情

朱熹はまず「心」を二つのレベルに分けて説明する。「性」と「情」である。あらゆるものごとを「理」と「気」で説明する朱熹の理気二元論で言うならば、「心」というものごとの「理」の側面が「性」と呼ばれ、「気」の側面が「情」と呼ばれるということだ。

すでに述べたように、あらゆるものやことの中で人の心は最も質の良い「気」によってできている。

心の動きは「気」の優れた作用にほかならないのだ。しかし、「気」の作用である限り、心もそれを包む肉体をはじめとする周囲の「気」と連続しており、それらの影響を受けざるを得ない。そのため、心はときとして好ましくない動きをすることもある。この善悪両方の可能性を含む心の現実的な動きが「情」と呼ばれるのである。

それに対して、これもすでに述べた通り、人が人であることを支えている価値、人が人であるかぎり果たさなければならない役割、すなわち人にとっての「理」は心にこそあるというのが、朱熹にとっての心の重要性であった。人の心は、それがほかならぬ人の心であるかぎり、それにふさわしいものを本来具えている。この人の心の「理」が「性」と呼ばれ、それは純然たる善であると想定される。

いわば、「情」が心の現実の姿であるのに対して、「性」とは心の本来の姿であり、かつ理想の状態を意味するのであった。

朱熹は、この「性」と「情」を次のような比喩で説明する。

心がまだ動く前が性であり、すでに動いた後が情である。（中略）欲とは情が発して出て来たものだ。心を水にたとえるならば、性は水の静かな状態、情は水の流れ、欲は水の氾濫である。（『朱子語類』巻四）

朱熹は、心の動く前を「性」とし、動いた後を「情」とする。しかし、私たちが生きている限り、心は常に動いている。つまり、私たちが実際に認識できるのは「情」だけなのであるが、その心の動きの根本に「性」が想定されているのである。

川の水は常に流れ、一瞬たりとも留まることはない。しかし、流れには比較的静かなときと動きの激しいときとがあり、その激しさが限度を超すと氾濫を引き起こす。同じように、人の心は刻々と動き変化しつつも、比較的静かで穏やかなときと、外界のものごとによってかき乱され落ち着かないときとがある。もちろん、いくら静かなときとはいえ、生きている以上、心が完全に動かない場面というのはあり得ないため、ここで言うのはあくまでも比較的静かな場面にすぎないのだが、それでも静かなときの心は、動いて落ち着かないときの心にくらべて、本来の「性」の姿に近いのであった。

以上を図示すれば、次のようになる。

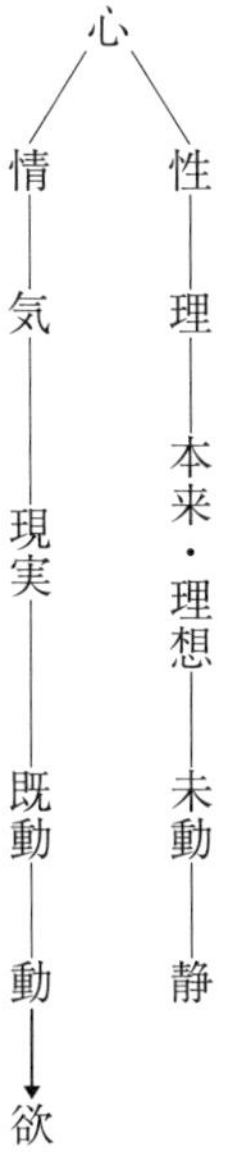

性善説と性即理

現実の心の動きを指す「情」に対して、その根源に想定される「性」という概念は、「情」を通してしか知り得ず、語り得ない。「性」は「情」の根拠として想定されているのであり、そういう意味においては、善悪あらゆる心の動きの根底に「性」があることになる。しかし、儒者である朱熹は、この「性」と、いわゆる「性善説」とを関連づけなければならなかった。すなわち、「性」は善なる「情」の根拠としてのみ想定され、悪（不善）は「性」の発動を「気」が妨げた結果であるとされる。「性」は人間であるかぎり万人に共通に与えられたものであるのに対して、一人ひとりの「気」の状態に応じて、その「性」の発現の有り様は千差万別なのであった。

心を「性」と「情」とに分けた朱熹は、両者の関係を、孟子の「性善説」と関連づけて次のように説明している。

性そのものを語ることはできない。「性は善だ」という根拠は、惻隠《そくいん》・羞悪《しゅうお》・辞譲《じじょう》・是非《ぜひ》の四端《したん》が善であるの見れば、性は善であることがわかるということだ。たとえば、水の流れが清ければ、その源も必ず清いことがわかる。四端は情である。性は理である。発したものは情で、その本は性である。影を見て形を知るようなものだ。（『朱子語類』巻四）

孟子のいわゆる「性善説」にいう「性」とは、人の生まれつきの本性であり、具体的には「仁」「義」「礼」「知」の四つの徳を意味している。そして、この四徳がそれぞれ実際に現われたものが「惻隠（他人の難儀を見るに忍びない心）」「羞悪（不善を恥じにくむ心）」「辞譲（へりくだり譲る心）」「是非

（善悪是非を知る心）」の四端である。この四つの善の端緒が誰にでも見られることから、その源に善なる「性」があるはずだというのが、性善説の根拠となっている。

朱熹は、この「性善説」に結びつけて、「性」と「情」の区別を、次のような対応関係で説明しているのである。

心
性――四徳――仁――義――礼――智
情――四端――惻隠――羞悪――辞譲――是非

また朱熹は「性は理である（性即理）」とも明言している。「性即理」という表現は、朱熹がその継承を自任する北宋の道学者の程頤（伊川）に由来するが、この「性即理」こそが、朱熹たちにとっての「性善説」の言い換えにほかならないのであった。

心は性情を統べる

以上のように、心を「性」と「情」とに分けた上で、朱熹は改めて「心」という概念を位置づける。その際に朱熹が好んで用いたのが、やはり北宋の張載（横渠）という道学者の「心は性情を統《す》ぶ」という言葉であった。朱熹は、程頤の「性即理」と張載の「心は性情を統ぶ」の二つは、ぶつけても叩いても壊れない絶対の定理だという。

「性」と「情」と「心」の関係を、朱熹は様々な表現で説明している。

> 性は情に対して言ったもの、心は性と情に対して言ったものだ。こうでなければならないのが性であり、実際に動いたところが情、それらを主宰しているのが心だ。だいたい、心と性は一つのようで二つ、二つのようで一つ、ここが最も身を以て理解しなければならないところだ。(『朱子語類』巻五)

> 心は、性と情とを統括している。あいまいに性情と一つになって区別がないのではない。(『朱子語類』巻五)

> 性は職務、情は施設、心は役人その人のようなものだ。(『朱子語類』巻五)

「心」は単に「性」と「情」とを足して合わせたものではない。「性」「情」いずれとも異なるレベルから両者を包摂し、主宰するものが朱熹のいう「心」なのである。朱熹の例になぞらえて言えば、役人が職務を無事に遂行するためには、職務の内容とそれを実施する現実の場所が必要であるのは言うまでもないが、何よりもそのポジションでその職務を遂行しようとする意志をもった役人その人がいなければならない。役人の主体性があってこそ、職務が現実の場所で執行されるのである。と同時に、逆にいえば、職務とそれを必要とする現実の場所があるからこそ、役人の存在価値は生まれるのである。

同じように、人が現実の我が身という場所で、人としての責務を果たそうするならば、何よりもその自覚と意志をもったその人自身の主体性が必要となる。つまり、「性」と「情」を統べるものとしての「心」とは、みずからの心に、本来の姿であるがゆえにかならず実現できる理想の姿と、克服すべきものとしての現実の姿とを同時に見据え、両者の距離を縮めようとする意志をもつときにだけ立ち現れるものなのである。

このことは、朱熹にとっての「心」が、人間の向上心や努力と密接な関係にあることを物語っている。人が向上心をもって努力しつづけることができるためには、現状が不十分であることの自覚と、理想の状態へ変化できることとの確信とが必要であるからだ。すなわち、「情」の自覚と「性」の確信があってこそ、人は「情」の不善を克服し、「性」の善を回復・実現するために努力しつづけることができるのである。

この努力の営みを、「工夫（gongfu カンフ）」と呼ぶ。朱熹のいう「心」とは、「工夫」への主体的態度なのであった。

工夫への意志としての心

「工夫」（「功夫」とも書く）とは、本来は費やされる時間を意味する言葉であり、そこから、時間を費やす修行や学問修養、あるいはそれによって得られた技量や教養をも意味する。カンフー映画の「カンフー」は、漢字で書けば「工夫」であり、この場合「工夫」が意味するものは、武術の修行とその結果獲得した技にほかならない。

朱子学において「工夫」とは、いまだ聖人ではない人間がみずからの可能性を信じて、現実を克服すべく、長い時間をかけて学問・修養・実践に努力する営み全般を意味する。「工夫」とは、現実と理想とを隔てる時間的な距離であり、その距離を埋めるための営みなのである。逆にいえば、現実と理想との間に距離がなければ、「工夫」の余地はない。現状に満足したり、目標を見失ったり、その実現をあきらめたりすれば、人は向上心をもって努力することはなくなってしまう。そこに「工夫」の余地は存在しないのだ。

そして、朱子学は、「工夫」抜きには成立しない。朱子学が最も忌避するのは、自己満足と自暴自棄なのだ。なぜなら、朱熹のいう「心」とは、「工夫」を主体的に引き受けるところにのみ成り立つものだからである。自己満足と自暴自棄によって「工夫」の余地を失うことは、とりもなおさず「心」の喪失を意味するからなのであった。

朱熹は次のように言っている。

心が正しく在ることを求めているその心こそ、すでに正しく在る心なのだ。(『朱子語類』巻一一五)

そして、「工夫」への意志の有無が、「心」の存亡を決定するからこそ、朱熹は門人たちの心の悩みに対して、具体的な処方箋を与えるのではなく、その悩みを口にし弱音を吐くことこと自体を戒めているのであった。

門人「物事に対応すると、それに引きづられて心がどこかへ行ってしまいます。」
朱熹「心はここで物事に対応しているのだ。どこかへ行ってしまってここに無いなどと言ってはいけない。」(『朱子語類』巻一一五)

門人「心がすぐに物欲に支配されてしまいます。」
朱熹「そんなことを言ってはいけない。それよりも、自分の心がどんなものか体認してみなさい。」(『朱子語類』巻一一八)

以上のように、朱熹にとって、「心」は「工夫」という意識的努力の営みと表裏一体の関係にあった。ところが、「心」という目に見えない厄介なものを「工夫」という具体的な行為の場で扱うことによって、朱熹は様々な課題を担うことになる。以下、朱熹が直面した「心」の「工夫」をめぐる課題を紹介しよう。

心の紛擾をどう解決するか

朱熹と門人たちとの問答を記録した『朱子語類』には、心の問題で悩む門人たちの問いかけがしばしば見られる。「心が混乱して落ち着かない」「どうでもよいことにすぐに心が引っ張られてしまう」「心が欲に負けてしまう」、果ては「心を落ち着かせようとするその心に疲れてしまう」等々、彼らの悩みはそのまま現代の私たちの悩みでもあるかもしれない。いつの時代も、人は心に振りまわされ、心に悩まされるものなのかもしれないが、儒教においてこうした「心の紛擾をどう解決するか」という問題が取り上げられたのは、すでに述べたように仏教に対抗し儒教が新しく再生した北宋の時代に始まるのであった。

さて、こうした門人たちの切実な訴えに対して、師である朱熹はどのように答えているのであろうか。朱熹の答えは、存外冷たいものであった。

門人「心が紛擾して、きちんとつかまえておくことが難しいのですが。」

朱熹「心をつかまえておくのは本当に難しい。どうしても長続きせず、すぐに物事やどうでもよい考えに引きずられていってしまう。」（『朱子語類』巻一一八）

門人「心をつかまえておこうとしても長続きできず、物欲に打ち勝つことができません。」
朱熹「それは他人事ではないのだから、難しくても頑張ってつかまえようとしなければいけない。いつも心を目覚めさせ、心がどこかへ行ってしまわないようにするのだ。物欲を自覚したならば、すぐに気をひきしめて、負けないようにするのだ。こういったことは、あくまでも自分の気持ちの問題だ。心をつかまえておくことができないだとか、欲に負けてしまうなどと言ってしまったら、自分で自分をだめにしてしまうことになるのだ。」（『朱子語類』巻一一八）

難しいのは当たり前、難しくてできないなどと口にするのが一番良くない……。こうした朱熹の答えは、ある意味答えにはなっておらず、門人たちに具体的な処方箋を与えるものではなかった。しかし、すでに述べたように、朱熹にはそうとしか答えようがなかったのである。朱熹にとっての「心」とは、心の紛擾に悩み苦しみつつも何とかしたいと思うその「心」にほかならないからであった。

しかし、ここで一つ問題が起る。その場合、自分の心は、紛擾している心と、それを自覚し克服しようとしている心とに分裂してしまうのではないかという疑問が生じてしまうのである。この厄介な疑問を、朱熹は意識的に取り上げ、果敢に答えてみせようとしている。

心が心を観る？

朱熹に「観心説《かんしんせつ》」という文章がある（『朱子文集《しゅしぶんじゅう》』巻六七）。これは、ある人の質問に答えて、仏教の「観心説」を批判するという形式で書かれたもので、「心を観る」という仏教の修養法は、心を、観る心と観られる心とに分裂させてしまうものであり、修養法として無効であることを主張したものであった。すなわち、朱熹はこの「観心説」を書くことによって、前述の厄介な疑問を敢て取り上げ、自説を開陳しているのであった。

朱熹はまず、次のように仏教の「観心説」を誤謬であるとする。

そもそも心は、人にとって自身の主となるものである。一つであって二つではなく、主となるも客とはならず、ものに命ずるがものに命ぜられることはない。だから、心でもって物を観れば、物の理を知ることができるが、もし何か別のものでもって心を観るとすれば、この心の外にもう一つ別の心があって、この心を捉えることになってしまう。とすれば、いわゆる心とは一つなのか、二つなのか。主なのか、客なのか。物に命じるものなのか、物に命ぜられるものなのか。検討するまでもなく仏教の説の誤りであることは明白である。

朱熹は、心はあくまでも一つであって二つに分裂することはないこと、あくまでも主体であって客体とはならないことを強調する。とはいえ、これでは当初の疑問に答えたことにはならない。心が決して客体とはならず、主体としてのみただ一つであるとすれば、不安定な心を意志的な心によって克服するという図式を、朱熹はどのように説明してみせるのであろうか。そこで朱熹は、ある人の反論に答えるという形で、次のような議論を展開する。

心への迂回路

『孟子』に「操《と》れば存し、舎《す》つれば亡ぶ」という孔子の言葉がある。孔子が、心の不安定さを嘆じ、心の存亡は意志的取り組みの有無（操るか舎てるか）に因ることを言ったものとして、朱熹たちの愛用する言葉であった。朱熹はこの言葉を持ち出して、ある人にこう反論させている。すなわち、「操る」とは心を操る（意識的に把持する）こと、「舎てる」とは心を舎てる（放棄する）ことではないのか。そうであれば、心は操る心と操られる心とに分裂し、客体化されてしまうのではないか。あるいは『孟子』には「心を尽くす」という言葉もあるが、これもまた心を客体としているのではないのか。こういった経書の言葉は、仏教の「観心説」と同じ図式に陥ってしまっていることにはならないか。

これに対して、朱熹は次のように答えている。

「操れば存す」というのは、別の心でもってこの心を操って存するということではないし、「舎つれば亡ぶ」というのは、別の心でもってこの心を舎てて亡ぶということではない。心がみずから操れば、亡んだものも存し、舎てて操らなければ、存していたものも亡ぶということにすぎない。とはいえ、「操る」というのも、本来もっている仁義の良心を日々の行いによって損なうことがないようにするということにほかならず、じっと坐って役にも立たない煌々たる意識を守ろうとすることではない。「心を尽くす」というのも、具体的な物事それぞれの理を探求した暁にぱっと一貫した境地が開け、心が本来もっていた理がすべて発揮されるということにほかならない。

「操る」とは「心を操る」のではなく、「心がみずから操る」ことだという朱熹の言い方は、決してわかりやすいものではない。それでは心はみずから何を操るのかという疑問を抱かずにはいられない。それでもなお、朱熹がここで強調したかったのは、「操る」とは「じっと坐って役にも立たない煌々たる意識を守ろうとする」ことではなく、日常の行為の中で本来の良き心を発揮しようとすること、あるいは「心を尽くす」とは、心をじっと見つめて尽くそうとすることではなく、「具体的な物事それぞれの理を探求」した結果として、心の本来もっているものが尽くされるということなのであった。

つまり、朱熹が「観心説」で批判したかったのは、「じっと坐って役にも立たない煌々たる意識を守る」ように、ひたすらみずからの心をじっと見つめて、それが紛擾しないように見張り点検するかのような修養法なのであった。朱熹にとって、心を存し、心を尽くすとは、心を修養の直接の対象として注視するのではなく、より具体的なもの、より外的なものを対象とした修養に努めることを通して、結果として心が存せられ、尽くされるということなのであった。

性へのアプローチ

かくして朱熹は、心のための修養において、心を直接の対象とすることを極力避けようとする。心は、結果として保たれ尽くされるものなのであって、すべては心のため、だからこそ心ではなく外側にあるより客観的な事物が修養の直接の対象となるのであった。こうした心への迂回路が朱熹の修養の特徴をなしているのであるが、このことをもう一つ別の例でみてみたい。

すでに述べたように、朱熹は心の本来かつ理想の姿としての「性」を、静的な状態の心に想定している。もちろん、生きている限り心の静止はあり得ない以上、ここにいう静はあくまでも相対的な静の場面にすぎないのだが、心が動いて止まない場面に比べれば、静かなときの心は「性」の状態により近いと考えられていたのである。こういった相対的な動静は、ときに「有事時（事ある時）」「無事時（事なき時）」と表現される。「有事時」とは、何か気になる具体的な物事があるときで、心が紛擾し「性」を見失いやすい場面、「無事時」とは、特に何事もないときで、比較的心が穏やかで「性」の状態に近い場面をいう。

あるいはまた、この動（有事時）と静（無事時）は、経書の一つ『中庸』に見える「未発《みはつ》」「已発《いはつ》」と結びつけて語られる。「未発」とは喜怒哀楽がまだ発していない段階、「已発」とはすでに発した後の段階を指す。以上を図示すると次のようになる。

心
性――静――無事時――未発
情――動――有事時――已発

しかし、ここでまた疑問が生じる。「性」は人の心の本来の善き姿であり、目指すべき理想の姿であるが、その「性」は、喜怒哀楽がまだ発していない段階の「未発」に想定されている。そうであるならば、いったいどのようにして、人はその「未発」にアプローチできるのか。「未発」の「性」を求める営みは、すべて意識的な心の動きを伴うのではないのか。すなわち、意識の発動する以前に対して、いかなる意味においても意識的な営みにほかならない「工夫」は、どのように関わることができるのか。

意識の発動以前を意識的にコントロールする？

こういった疑問は、すでに北宋の道学者たちの間で議論されていた。朱熹は、北宋の程頤の次の発言を重要視する。

喜怒哀楽がまだ発していない前を求めようとすることも、意識の働きにほかならない。そうであれば、それはすでに「已発」だ。（中略）喜怒哀楽の「未発」をどうやって求めることができるだろうか。ただふだんから涵養するしかない。久しく涵養していれば、喜怒哀楽は自然に適切になる。

（『程氏遺書』巻十八）

意識の発動する以前を意識的にコントロールするには、意識の発動以前を求めてはいけない。求めれば、それはすでに意識の発動となってしまう。肝心なのは「ふだんから涵養する」こと、すなわち、求めるのではなく「養う」ことなのであった。

「養う」という営みは絶妙である。何かを「養う」と言うとき、「養う」という行為は直接その何かを対象とはしていない。たとえば「親や子を養う」という場合、それは、さまざまな具体的な行為によって親や子が無事生きてゆけるようにすることであって、必ずしも親や子を直視したり直に触れたりすることだけを指すものではない。あるいは「力を養う」という場合には、力そのものはあらかじめ存在するのではなく、具体的な様々な行為を通して結果としてその力が養われて生まれてくる。つまり、「養う」「涵養する」とは、何かを見つめその何かに直接働きかけるのではなく、様々な具体的な行為を通して、結果としてその何かが無事十全に発揮できるようにすることなのであった。

「未発」の「性」は、意識の対象にはなり得ない。「性」を求めることはできないのだ。しかし、ふだんからの「涵養」によって、「性」は結果として保たれ、適切に発現するようになる。ここにもまた、朱熹の「心」への迂回路と同じ構図が見える。「性」を直接の対象としないが、結果的に「性」に働きかけるという構図は、先に見た朱熹の「心」の修養法と同じものなのであった。

「涵養はすべからく敬を用いるべし」

では「涵養」とは、具体的に何をどうすることなのか。ここでも、朱熹は程頤の言葉を用いている。

涵養はすべからく敬を用いるべし。（『程氏遺書』巻十八）

「涵養」の具体的な方法として、北宋の程頤は「敬」という方法を提示しており、朱熹もそれを継承しているのであった。

実は、程頤のこの「敬」という方法に注目することによって、朱熹は若き頃より長年悩まされてきた心をめぐる実践上の悩みを解決したと明言している。朱熹四十歳のことであった。つまり、「敬」による「涵養」は、朱熹が様々な思想遍歴を経た上で辿り着いた一つの結論なのであった。

以下、章を改めて、心の工夫をめぐる朱熹の思想遍歴の跡を追い、「敬」による「涵養」の意味するものを考えてみたい。

第五章　まずは形から――朱子学の方法・その一「居敬」

初めての師

若き日の朱熹は、その知的好奇心のおもむくままに、様々な学問・思想に興味をもっていた。その中で、朱熹が特に心を惹かれたのが、仏教、特に「禅」であった。士大夫の家庭に生まれた朱熹であったから、儒教的な教養を身につけ「科挙」を目指すことは暗黙の前提ではあったが、若き日の朱熹には、儒教よりも禅の方が魅力的に映ったのである。後年朱熹は、自分はかつて禅にのめり込んだ時期があったからこそ、その本当の怖さがわかるのだと語っている。

そんな朱熹の心を儒教の道に引き戻す出来事があった。李侗《りとう》（号は延平《えんぺい》、一〇九三～一一六三年）との出会いである。朱熹二十四歳のとき、李侗はすでに六十歳を越していた。李侗との出会いによって、朱熹は禅への傾倒を断ち切り、儒教と真剣に向き合うようになったのである。

朱熹は後に、李侗との初対面を次のように回想している。

私は十四、五歳のころから禅に興味をもっていた。（中略）後日、科挙を受けたときも、禅の考えを用いてでたらめな答案を書いた。そのとき書いたものは、今のように精密なものではなく、人の受け売りにすぎなかったのだが、試験官はまんまとだまされ、合格した。（十九歳の時）
（中略）二十四、五歳になったころ、初めて李先生にお目にかかり、考えを聞いていただいたところ、先生はただ「ちがう」と言われるだけだった。私は李先生が禅をおわかりになっていないのではと疑い、質問を繰り返した。李先生は落ち着いた飾り気のないお人柄で、口数は少なく、ただ私に聖賢の言葉を読めとだけ諭された。そこで私は、とりあえず禅はおいておいて、心の中では禅もそれなりの良さがあると思いつつも、聖人の書物を読んでみた。繰り返し読んでいくうちに、日一日と聖賢の言葉にだんだん味わいを感じるようになり、改めて仏教の書物を読んでみると、だんだんボロや隙間が見えるようになった。（『朱子語類』巻一〇四）

未発の存養

李侗は、北宋の「道学」を伝える儒者の一人であった。ちなみに、朱熹の父の朱松《しゅしょう》（一〇九七～一一四三年）も、道学の系譜に連なる人物であったのだが、朱熹が十四歳のときに他界している。いわば、朱松が幼い息子に伝えきれなかったものを、ときを経て李侗が伝えてくれたということだ。すでに述べたように、道学こそは、仏教に対抗して儒教を再生させることを使命としていたのであり、その中心となる課題は「心」の問題であった。

さて、当時の朱熹の関心事もやはり心の問題であった。若き朱熹が禅に惹かれたのも、禅の議論の抽象度の高さもさることながら、禅の示す心の修養法の直截さゆえでもあったのだ。そうした朱熹が李侗に求めたものは、当然のことながら、「この心をどうするか」という問題の解決であった。

李侗が朱熹に示した方法は「未発の存養《そんよう》」と呼ばれる。「未発」とは、すでに述べた通り、喜怒哀楽の感情や意識が発動する以前の心の段階であり、その段階に「性」という心の原初的かつ理想的な姿が想定されていた。また、すでに説明した「涵養」と同じように、「存養」とはその「未発」の「性」を直接意識の対象とするのではなく、結果的にそれが保たれ十全に働くようにすることであった。つまり、根本となる「未発」の「性」を大切に養うことによって、日常の物事に対処する際の心の動きが「性」の自然な発現となり、その結果、心は適切かつ自由に物事に反応するので心にかかるストレスが解消するというわけだ。

もっとも李侗自身は、そのように分析的に考えていたわけではない。李侗はただ血気にはやる若き朱熹に対して、「未発を存養せよ」とだけ教えたのであり、そのためにより具体的には「静坐《せいざ》」を勧めたのであった。

静坐

「静坐」とは、文字通り「静かに坐る」ことである。生きている限り、人の心は常に動いて止まないとはいえ、より静かで何事もない場面は「未発」の状態に近い。そうした場面を時々意識的に設定して、ひとり「静かに坐る」ことによって、「未発」の「性」を養う。そうしておけば、いざ物事に対処する日常の場面になっても「性」の正しい発動が可能になり、物事に正しく心が反応できるというのが、李侗の教えであった。

ところで、「静坐」と仏教の「坐禅」とでは何がちがうのであろうか。朱熹たちは、「坐禅」は、心をじっと見つめ、心が動かないようにする方法、つまり心を殺すことによって心の不安を解消しようとする方法であると批判した。仏教側からは反論もあるだろうが、朱熹たちの理解はそのようなもので、それに対して、「静坐」は、日常の中で心を生き生きと自由に働かせつつも、安定した心の境地を実現するための基点となる方法とされたのであった。

もっとも、この「静坐」に対する賛否は、道学者の中でも一様ではない。朱熹が最も敬愛した北宋の程頤は「静坐」に否定的であったのに対し、朱熹自身は、後年になっても時折門人たちに「静坐」を勧めている。ただし、それはあくまでも補助的な手段として、いわば気分転換の方法といった趣で、「静坐」によって心の問題がすべて解決すると考えていたわけではなかった。

朱熹は、李侗より伝授された「静坐」による「未発の存養」によって、禅とは異なる心へのアプローチを試みる。しかし、若き朱熹はしだいにそれに飽き足らなさを感じ始める。たしかに、ひとり静かに坐っていると、心持ちがすっきりし、わが心の本来の姿である「性」の存在を体感することができる。しかし、ひとたび立ち上がり外へ出て様々な人や物事に遭遇するや否や、「性」の実感はどこかに吹き飛んでしまい、あるのは相変わらずの「情」の紛擾だけだ。しかも、日常においては、そうした心の「已発」の場面がほとんどで、いくらたまさか「未発」に近い静かな場面を作っても、動き出した心に対しては為す術《すべ》がない。

李侗は、若く血気さかんな弟子に対して、まずは地に足を着かせようとしただけなのかもしれない。しかし、若き弟子にとっては、「静坐」の場面はあまりにも限定的すぎ、心はあまりに動的なのであった。とはいえ、朱熹がこうした疑問を李侗に直接投げかけることはなかった。その前に、李侗が他界してしまったのである。

湖南学の「已発の端倪察識」

李侗の死と相前後して、朱熹はもう一人大切な人物と出会っている。後に朱熹の親友となる張栻《ちょうしょく》（号は南軒《なんけん》、一一三三～一一八〇年）である。当時張栻は、「湖南学」という学派に属していた。「湖南」は洞庭湖の南、今の湖南省（その中心は長沙）を指し、これもまた北宋道学の流れをひく別の一派であった。朱熹は、張栻との出会いを通じて湖南学に接近し、積年の課題であった心の問題について新たな考え方に触れることになる。

湖南学の方法は「已発の端倪察識《たんげいさっしき》」と呼ばれる。朱熹が李侗より授けられたのが「未発の存養」であったのに対して、湖南学は、「未発」ではなく「已発」、すなわち喜怒哀楽の感情や意識が已《すで》に発した後の段階を修養の中心に据えている。

湖南学によれば、人が生きている限り心はすべて「已発」すなわち「情」であり、「未発」に想定されている「性」に対して我々はアプローチすることはできない。このことは、すでに前章で述べた通り、北宋の程頤たちも認識していた問題点であった。すなわち、意識の発動する以前の「性」に対して、意識的営為である「工夫」がいかに関わり得るのかという問題である。これに対して、湖南学は、「工夫」の領域から「性」を排除する。もちろん「性」は人の価値を支え、「工夫」の可能性の根拠となるものではある。しかし、こと「工夫」という場面において我々が関わり得るのは、あくまでも「已発」の「情」だけなのである。

その「已発」の「情」に対して、湖南学は「端倪を察識する」ことを求める。「端倪」とは端緒のこと、つまり「情」が動き出したその瞬間の端緒が正しいかどうかを観察・認識して、正しくなければその時点で矯正するという方法である。感情や意識が動き出す瞬間を見極め、その都度チェックするというこの方法に、当初朱熹は大きく魅了される。李侗のもとで学んだ「静坐」を中心とするいわば静的な修養法に対して疑問を感じていた朱熹にとって、湖南学のこの動的な修養法は、積年の問題を解決してくれるものと映ったのであった。

湖南学との決別

張栻を通じて知った湖南学の「已発の端倪察識」に問題解決の糸口を見出しかけた朱熹であったが、結局朱熹は湖南学にも不満を感じるようになる。それは、心の動き出す端緒をすばやく見極めるという方法の、構造上の矛盾と実践上の違和感であった。

「已発の端倪察識」の構造上の矛盾とは、すでに前章で紹介した「観心説」批判に見たものと同じ矛盾である。心が動き出す瞬間を見極めるとしたら、心は察識される心と察識する心とに分断されてしまうのではないか。実は、「観心説」は、仏教批判の形式をとりながら、実際は朱熹が湖南学を批判したものであったとも言われている。「観心説」の中で、朱熹は心をじっと見つめて守るような方法を批判し、心を正しく保つために心を客体化しない方法を示唆していたが、それは正に湖南学の「端倪察識」に対する批判なのであった。

実践上の違和感については、次の朱熹の言葉が物語っている。これは、朱熹が湖南学と決別した後で、湖南学の諸氏に対して書いた書簡の一節である。

　以前私は、議論をしたり思索をしたりする場合には心を已発と考え、日常の実践においても、意識の発する端緒を察識することが第一の着手点であると考えておりました。その結果、平生の涵養がおろそかになり、胸中いつも落ち着かず深みに欠け、発言や行為においても常にばたばたと軽薄になり、ゆったりとした厚味のある雰囲気を失ってしまいました。（『朱子文集』巻六四）

李侗の静的な修養法に飽き足らなかった朱熹であったが、それとは正反対の動的な湖南学の修養法に対しては、むしろその動的すぎることによる落ち着きのなさに違和感を感じざるを得なかったのである。

かくして、朱熹は湖南学とも決別し、改めて心の修養法を模索することになる。李侗から湖南学へ、すなわち「未発」中心から「已発」中心へ、静的方法から動的方法へと思想を展開した朱熹にとって、課題は「未発」「已発」を一貫する方法、動静を一貫する方法を確立することにほかならなかった。

未発已発を一貫する方法・敬

心の修養法をめぐる模索は、朱熹が四十歳を迎えたころ大きな転機を迎える。北宋道学の流れを汲む李侗や湖南学の方法に飽き足らなかった朱熹は、改めてその源流たる北宋の程頤（伊川）の言葉に立ち返る。そこで朱熹が見出したのが「敬」と呼ばれる方法であった。

朱熹は、次のように程頤の「敬」を絶賛している。

> 程先生が後学に残した最大の功績は、敬の一字である。（『朱子語類』巻十二）
>
> 敬という修養は、聖人をめざす学問の第一義であり、徹頭徹尾、ほんのわずかな間も途切れることがあってはならない。（『朱子語類』巻十二）

朱熹は、程頤の示した「敬」という方法によって、積年の課題であった「未発」と「已発」を一貫する心の修養が可能になると考えた。「敬」こそが、動静あらゆる場面を一貫して、心を安定的かつ自由に保つための方法なのであり、「敬」によってこそ、心は正しくあるべきところに保たれ、本来の理想的な姿（「性」）を発揮する。

朱熹は、次のように語っている。

　心とは何か。敬にほかならない。敬でありさえすれば、心は自分自身のあるべきところに在る。（『朱子語類』巻十二）

　性としての心は、敬であれば常に存在し、敬でなければ存在しない。（『朱子語類』巻十二）

では、「敬」とはいったいどのような方法なのであろうか。程頤の言葉に遡ってみてみることにしよう。

主一無適

程頤は「敬」を次のように定義している。

　敬とは何か、主一を敬という。一とは何か、無適を一という。（『程氏遺書』巻十五）

「敬」は「主一無適《しゅいつむてき》（一を主として適《ゆ》くこと無し）」と定義される。「主一」とは、一つのものごとに心を集中させること、「無適」とは心が別のところへ逸れていかないということである。

もう一つ、「敬」の定義として、朱熹は、程頤の直弟子の謝良佐《しゃりょうさ》（号は上蔡、一〇五〇〜一一〇三年）という人物の「常惺惺《じょうせいせい》」という言葉も愛用する。「常惺惺」とは、常に心を目覚めさせておくことを意味している。

つまり「敬」とは、その都度その都度の対象に専一に取り組み、別の何かに気をとられないように心を常に覚醒させ、集中させることということになる。しかし、こう言い換えてしまうと、朱熹の称賛とはうらはらに、いささか拍子抜けするような常識的な心の持ちようにすぎないといった感が否めない。ではなぜ朱熹はあれほど程頤の「敬」を絶賛したのであろうか。心を目の前のひとつ事に集中させるというだけのことを、わざわざ「敬」と名付けたことの意義は、「敬」という字の意味にあった。

「敬」の字そのものは、もちろん経書にも頻出する。たとえば、『論語』には「事を執《と》りては敬」という言葉があるが、ここでの「敬」は程頤の示したような特定の修養法を意味するのではなく、「物事を執り行うときにはうやうやしく慎重にせよ」といった意味である。

日本語で訓読みすれば「うやまう」「つつしむ」となる「敬」の字は、元来特定の場面に固有の心の状態を意味している。すなわち、「尊敬」や「敬意」という熟語が示唆するように、「敬」とは本来上下関係において、下から上へ向けられた意識にほかならない。ここにいう上下関係を、社会的・身分的な上下関係に限定して考える必要はない。人間として、自分よりも上だと感じる人に対する「尊敬」「敬意」や、宗教的な絶対者に対する「畏敬」の念も含めて、人は「うやまう」べき存在の前ではおのずと緊張し、身の引き締まる思いをするものであろう。そういった場面の心の緊張や集中は、誰もが経験的に知っているはずだ。つまり、「敬」とは、敬うべき人物や粗相の許されない大切な場面に直面したときのあの緊張感を、日常のあらゆる場面において意識的に保つという方法というわけだ。

『論語』に「門を出《い》でては大賓に見《まみ》ゆるが如く、民を使うには大祭を承るが如く（家の外で人と接するときは大切な賓客にお会いするかのように、民を使役するときは大切な祭祀を執り行うかのように）」という言葉がある。朱熹たちが「敬」を表現したものとしてしばしば話題にする言葉であるが、ここにいう「大賓に見ゆる」とき、「大祭を承る」ときの極度の緊張感と慎重さこそが、「敬」という修養方法の指針となっているのであった。

聖人の心の状態としての敬

朱熹は、程頤の「敬」を再評価することによって、長年苦しめられていた心の修養の問題を一気に解決できると確信した。「敬」という画期的な方法によって、人は心の紛擾から解放される術《すべ》を得たと信じたのである。とは言え、朱熹が「敬」に見出した方法としての有効性を、今日の私たちが実感することは容易ではない。たとえ「敬」の字に象徴される心の緊張感が経験的にわかりやすいものであったとしても、私たちからみれば、結局は心という捉えどころのないものをみずからの意志という当てにならないもので集中させていくということにすぎないのではないかという疑問は生まれよう。朱熹が「敬」に見出した方法としての画期性を実感するためには、もう少し「敬」の実践の場面に踏み込む必要があるのだが、そのことは後で改めて触れることにしたい。

いずれにしても、朱熹は「敬」という方法によって、心の紛擾を解決できると確信した。「敬」は人が心の安定と自由を獲得し、「心の欲する所に従いて矩を踰えず」の境地に到るための方法、すなわち聖人になるための方法なのであった。ところが、ここに「敬」の字の不可思議な使われ方が見える。方法であるはずの「敬」は、一方で到達点の聖人の心の状態を形容するときにも用いられるのである。

たとえば、朱熹は次のように語っている。

堯《ぎょう》や舜《しゅん》にいたっても、やはりいつも敬ということにすぎない。（中略）『大学』『論語』『孟子』『中庸』に書かれていることもすべて敬であり、『詩』や『書』や『礼』もみな敬を語っているのだ。（『朱子語類』巻十七）

堯・舜という聖人も、聖人のことが書かれた四書五経も、つまるところすべて「敬」だということの発言は何を意味しているのであろうか。方法としての「敬」が、その方法によってもたらされる境地を形容するというのはどういうことなのか。実はここにも「敬」という方法の秘密があるのである。

すなわち、方法としての「敬」とは、聖人の心である「敬」を模倣することにほかならないのであった。

模倣と習慣化

すでに繰り返し述べたように、朱子学は、聖人になることを目指している。聖人到達の可能性を信じ、そのための努力（「工夫」）を続けることが、朱子学の必須条件であった。そして、ここにいう聖人とは、孔子の「心の欲する所に従いて矩を踰えず」という言葉に象徴されるような、理想的な心の状態を意味している。つまり、聖人になるとは、為政者として人の上に立つというようなことではなく、何よりも心において究極の自由と安定を得ることなのであった。朱熹は、この聖人の理想的な心の状態を「敬」と名付ける。そして、それを実現するための方法も「敬」と呼んでいるのであった。「敬」を実現するための方法としての「敬」というこの図式はいったい何を意味しているのであろうか。ここに見えるのは、「模倣→習慣化」ということにほかならない。つまり、聖人にとっては無意識の自然な心の状態である「敬」を、いまだ聖人ではない学ぶ者たちが意識的・作為的に模倣することこそが、方法としての「敬」なのであった。そして、その意識的取り組みが長期にわたって繰り返されることによって習慣化し、意識しなくても「敬」の状態を保つことができたとき、人は聖人になれるのである。

朱熹は次のように言っている。

聖賢はすでに熟した学ぶ者、学ぶ者はいまだ熟していない聖賢。（『朱子語類』巻三二）

ここにいう「熟す」とは、まさに習慣化ということにほかならない。つまり、聖人と学ぶ者とを隔てるものは、「敬」の状態が習慣化しているか否か、無意識か否かということだけなのであった。朱熹は次のようにも語っている。

敬を保とうとし始めた当初は、やはり多少は無理をしなければならない。少しでも心がどこかへ行ってしまったと感じたならば、すぐに気をひきしめて取り戻し、心をあるべきところにあらしめなければいけない。いつもいつもそうやって途切れることがないようにしていれば、そのうち自然に熟していく。（『朱子語類』巻一二〇）

「敬」という方法が、聖人の「敬」を意識的に模倣し、それを習慣化する方法であると考えるとき、先に述べた「敬」の字によって喚起される特定場面の心の状態が意味をもつ。つまり、模倣であるからこそ、手本となるものは既知のものでなければならないということだ。そして、模倣であるからこそ、「敬」は目に見える形から着手することが求められるのであった。

整斉厳粛

「敬」は心の修養法である。しかし、すでに前章でみた通り、朱熹は心を直接の対象とすることを極力避けようとしていた。それは、心が心を観るという矛盾を回避するためだけでなく、そもそも心というものが目に見えないものであるからであった。心に関する営みは、ともすると主観的なひとりよがりとなりかねない。あるいは、他人からは見えないことをよいことに、誤魔化しや欺瞞の入り込む余地は常に排除できない。「工夫」という実践的な営みにとって、心ほど厄介で危険な場はないのだ。特に、「敬」を模倣としてとらえれば、心で心を模倣するということは、実際問題どれだけ捉えどころのない方法であるかしれない。

そこで「敬」の実践に求められたものが、形から着手するというやり方であった。まずは顔の表情や姿勢、果ては服装にいたるまで、目に見える形から整えてゆき、結果として心が「敬」の状態に保たれるようにすることが求められたのである。これを「整斉厳粛《せいせいげんしゅく》」と呼ぶ。「整斉」とは服装や立ち居振る舞いがきちんと整っていること、「厳粛」とは文字通り表情や態度が厳粛であることであり、この言葉も程頤に由来する。

> 敬を保つための実際の努力のしどころについては、程頤が詳しく述べている。すなわち「きちんと整え厳粛であれば心は一つに集中し、心が一つに集中すればよこしまな振る舞いはなくなる」、「顔つきをひきしめ、思慮を整えれば、自然に敬が生まれてくる」。これらが敬の実践の着手点だ。

（『朱子文集』巻四一）

整斉厳粛は敬そのものではないが、敬であるための手段である。（『朱子語類』巻十七）

目に見える外形から整えるというやり方は、誤魔化しがきかない。同時に、いわゆる精神論に訴えないこのやり方は、実践方法として着実な具体性をもっている。「心を目覚めさせ目の前の物事に集中せよ」と言われるよりも、「服装を整え正しい姿勢で表情をひきしめろ」と言われた方が、具体的で実践しやすいと同時に、やっているふりをして誤魔化すことも難しい。問題は、目に見える形だけを整えていて、本当にそれに見合った中身がともなうのかということだが、朱子学、ひいては儒教には形式に対する独特の信頼があった。

外から内へ

儒教が重んじるものに「礼」がある。儒教を「礼教《れいきょう》」と呼ぶこともある。「礼」とは、いわゆる礼儀作法や儀礼のことであるが、より広くこの世界の美しい秩序全体を指す。自然界に一定の秩序があるように、人間社会の様々な場面や関係にはそれぞれ美しい秩序があるという確信が、儒教における「礼」の根幹をなしている。そして、この「礼」は何よりも外から見える形を重視しているのだった。

もちろん、「形式よりも内容が肝心だ」というような常識的な価値観を儒教が否定しているわけではない。孔子も、「人にして仁ならずんば礼をいかん（人として仁徳がなければ礼が何だというのか）」と言っている。儒教においても形式よりも内容が大切であることにかわりはない。むしろ儒教の特徴的なところは、内容さえあれば形式はどうでもよいとは決して考えなかった点にある。たとえいわゆる「虚礼（心のこもらない形式的な儀礼）」であっても、儒教はその「礼」を保とうとする。なぜならば、内容は必ずそれにふさわしい形式をともなうものであり、外から見て整っていないのに内面がきちんとしているというケース（いわゆる「見かけによらない」というケース）を儒教では想定しないからであった。

朱熹は次のように語っている。

外面が「整斉厳粛」でありながら、内面が「惺惺」としていないことはない。外が「整斉厳粛」であるかぎり、そのときの内は「惺惺」としているのであり、だらしなくしているときにはぼんやり怠惰になってしまっているのだ。（『朱子語類』巻十七）

言うまでもなく、理想は内容と形式がともに充実していることであるが、内容があればおのずとそれに見合った形式が整う以上、外から見える形式に不備があればそれはとりもなおさず内容の不備ということになる。もちろん目に見えない内容を誤魔化して形式だけを整えることはできるかもしれない。しかし、少なくとも目に見える形をなおざりにして内側の心はきちんとしていると言い張ることを朱子学は許さないのであった。

そして、さらに重要な点は、形式はあくまで二義的なもので、大切なのは内容であるという前提がある以上、どれだけ形式を整えてもそれだけですべてが解決したとは見なされず、常に目に見えない内容の充実に向けて努力を続けることを余儀なくされるということである。

朱熹が「敬」という心の修養法を実践するときに示したこの「まずは形から」という態度も、以上述べた儒教のもつ形式主義的に基づくものであった。心で心を模倣するという「敬」は、「まずは形から」という着手点を得たことによって、実践としての具体性と目に見える確実性を得たのである。そして同時に、形はあくまでも形であり肝要なのは中身だという前提によって、どれだけ外面を整えようと、内面の心の問題はまるで逃げ水のように常にその先にあり、心のための修養は決して終わらない過程をたどることになる。心の修養法「敬」は、心に向かう無限の迂回路なのであった。

小学と敬

以上のような「まずは形から」という「敬」の方法としての特徴を象徴するものとして、もう一つ取り上げておきたいのが、「敬」と「小学」の関係である。小学とは、文字通り子どもが学ぶことであり、大人(十五歳以上)のための大学に対して言われたものである。小学と大学のちがいを、朱熹は次のように説明している。

小学では「事」を教える。君父や目上の人にお仕えしたり友人と交わったりするなどの「事」を、一定の規定や手本に従ってやらせてゆく。そして、大学ではそうした「事」の「理」を明らかにするのだ。（『朱子語類』巻七）

小学の段階で学ぶべきものは、一定の規則に従った行為の形である。その行為の意味や意義はいずれ大人になってから考えればよいのであって、子どものときはまずは形を模倣し身につけ、それを習慣化させればよいのであった。

朱熹は、子どものときに小学を学んだ上で、大人になって大学に進むことを理想の教育カリキュラムと考えていたが、朱熹の時代すでに小学の課程は行われなくなってしまっていた。そこで、小学の課程を経ずして成人してしまった者が大学の課程に進むためには「敬」が必要かつ有効であるとされるのであった。

朱熹は次のように言っている。

小学が伝わらなくなってしまったので、程先生が敬を提唱し、その欠を補ったのだ。（『朱子語類』巻十七）

さらに言えば、その「理」を考えることなく、つまりその行為の意味や意義を追究することなく、具体的な行為のしかたを一定の規則に基づいて身につける小学の欠を補うものとして「敬」に期待されたものは、一定の規範を無条件に信じる態度にほかならない。なぜならば、「敬」の仕組みが「模倣↓習慣化」である以上、模倣の対象となるものに疑いの目を向けていては永遠に「熟す」ことはないからである。ここにも、「うやまう」という心持ちを意味する「敬」の字の意味が生きているのであった。

居敬と格物窮理

朱子学を概説する場合、必ずといってよいほど登場するタームに「居敬《きょけい》」と「格物窮理《かくぶつきゅうり》」（あるいは単に「窮理」）がある。「居敬」とは「敬に居る」こと、すなわちすでに説明した「敬」の状態を保つことであるが、もう一つ「格物窮理」ということが常に「居敬」と対になって説明されるのが一般的である。「格物窮理」の内容については次章で改めて取り上げるが、この「居敬」と「格物窮理」の二つは、朱熹の学問の方法論の根幹なのであった。

朱熹は次のように、「居敬」と「窮理」の同時並行を求めている。

学ぶ者の実践の努力は、居敬と窮理の二つにこそある。この両者は、互いに他を発揮させ合っており、窮理ができれば居敬の実践は日々進み、居敬ができれば窮理の実践は日々精密なものになる。たとえるならば、人が歩く場合、右足が前に出るときには左足は止まり、左足が出るときには右足は止まるようなもの、あるいは空中に何かものがぶらさがっている場合、右を抑えれば左が上がり、左を抑えれば右が上がるようなもの、その実は一つ事にすぎないのだ。（『朱子語類』巻九）

「居敬」と「格物窮理」は、歩行という一連の行為における右足と左足のように、互いに他を不可欠とするものなのである。つまり、「敬」という修養法は、それだけで完結するものではなく、かならず「格物窮理」の実践と相俟ってはじめて効力を発揮するのであった。「格物窮理」を不可欠とする「敬」とは何を意味しているのか。章を改めて「格物窮理」を検討し、その上でもう一度「敬」の意味を考えてみることにしたい。

第六章　世界は一枚のジグソーパズル——朱子学の方法・その二「格物窮理」

格物致知

朱子学を説明する場合、何をおいても必ず登場するタームに「格物窮理」あるいは「格物致知《かくぶつちち》」というものがある。前章の最後で触れたとおり、「格物窮理」は「居敬」とともに、朱子学の修養論・学問論における必須事項であった。まずはこの言葉の由来から説明しよう。

「格物」と「致知」という言葉は、朱子学が重視する経書（四書）の一つ『大学』に見える。『大学』の冒頭に次のような言葉がある。少々長いが、「致知（知を致す）」「格物（物に格《いた》る）」という言葉が登場する一連の過程が同じパターンで連結していることに注目してほしい。

むかし為政者がその輝かしい徳を明らかにして天下を平らかにしようすれば、まずその国を治めた。その国を治めようとすれば、まずその家を斉《ととの》えた。その家を斉えようとすれば、まずその身を修めた。その身を修めようとすれば、まずその心を正した。その心を正そうとすれば、まずその意を誠《まこと》にした。その意を誠にしようとすれば、まずその知を致した。知を致すことは物に格《いた》ることに在る。

ここには、「格物・致知・誠意・正心・修身・斉家・治国・平天下」という八つの段階が、それぞれ前者が後者の前提として示されている。これを『大学』の八条目という。その最初の段階に見えるのが「格物」であり「致知」であるのだ。つまり、「天下を平らかにする」という大きな目標のための最初の取り組みが「致知」なのであり、それは「格物」に在るというのだ。

では、「格物」「致知」とはいったい何をどうすることなのか。以下、順を追って朱熹の解釈をみてみたい。

格物＝窮理

「格物」という言葉を、朱熹は次のように解釈している。

「格」とは至るということ、「物」は事と同じような意味。つまり「格物」とは、事物の理に窮め至り、その究極のところにあますところなく至ろうとすることである。（『大学章句』）

朱熹は、「格物」の「格」の字を「至る」と読む。そして、「物」は単なる物質や物体ではなく、広く「事」を含むような意味であるとし、さらにそこに「理」の意味を加えている。つまり、「格物

（物に格《いた》る）」とは、物事の「理」に窮極まで至ること、というのが朱熹の解釈なのであった。一般に言われる「格物窮理」とは、朱熹が経書の言葉「格物」を「窮理」と解釈したということなのである。

ところで、すでに述べたように、朱熹はみずからのこの解釈が招いた事態に危惧を抱いていた。すなわち、「理」の抽象化・空虚化である。そして、改めて『大学』が「窮理」と言わず、「格物」と言ったことの価値に注目し、「理」が「物」を離れて一人歩きする事態に注意を喚起していた。

もう一度朱熹の言葉を引用しよう。

（『大学』は）「格物」と言うだけで、「窮理」を言わない。つまり、「理」と言えば、捉えどころがなくなってしまい、「物」はときとして「理」から離れてしまうが、「物」と言えば「理」はおのずからそこにあり、離れることがないからだ。（『朱子語類』巻十五）

『大学』が「窮理」と言わず、「格物」とだけ言うのは、人に事物に即して考えるよう求めたからで、そうであってこそ「実体」がわかるのだ。（『朱子語類』巻十五）

みずからの解釈を否定するかのように、「格物」という経書の言葉の含意に立ち返るよう促す朱熹であるが、では「物に格る」とはいったいどういう意味なのか。そして、朱熹はなぜそれを「窮理」と読み替えたのであろうか。

物を見ること＝理を見ること

「物」という字は、上に引いた朱熹の解釈を待つまでもなく、本来いわゆる物質や物体に限定されるものではなく、「こと」の意味をも含んでいる。すでに述べた通り、意識の対象となって、ひとかたまりに名付けられるものは、物であれ事であれすべて「物」と呼ばれる。椅子や机が「物」であるように、たとえば親子関係や君臣関係もそれぞれ一つずつの「物」なのである。そして、一つの「物」には必ず一つの「理」があるのであった。椅子が椅子であることを支えている根拠、椅子が椅子であるかぎり果たさなければならない役割が椅子の「理」であり、同様に、親子関係が他のいかなる人間関係からも区別される根拠、親子関係である限りそうでなければならないものが親子関係という「物」の「理」なのであった。

ところで、私たちが「物」を見るとき、あるいは「物」をその「物」として認識するとき、私たちは何を見ているのであろうか。私たちを取りまくこの世界は「物」に満ちあふれている。私たちは目を開ければ、そこに無数の「物」を見る。その無数の「物」はすべてひと連なりの「気」の一部なのであるが、私たちは、ひと連なりの「気」を「理」によって分節し、「物」を生み出している。すなわち、世界に意味を見出すことによって、物事が生まれるのだ。物事が先にあって、それに意味が与えられるのではない。つまり、「物」を見るとは、「理」を見ることにほかならないのである。

朱熹が「格物」を「窮理」と言い換えたのは、この「物」と「理」の相即性に基づく。つまり、「窮理」としての「格物」とは、私たちをとりまく無数の物事の意味や価値や本質に窮め至ることであり、「格物」としての「窮理」とは、空虚な理屈を語ることではなく、たしかで動かしがたい物事の現実や事実に窮め至ることなのであった。

「致知は格物に在り」

次に「致知」について、朱熹の解釈をみてみたい。

「致」とは推し極めること、「知」は知識と同じ。つまり「致知」とは、自分の知識をおし極めて、知るところがすべて尽くされるようにしようとすることである。(『大学章句』)

「致知(知を致す)」とは、知識をとことんまでおし広げて、自らの知的能力をフルに発揮させるということにほかならない。

ここでもう一度『大学』の八条目に立ち戻ろう。最後の部分が、それまでのパターンとは異なり、「その知を致そうとすれば、まずその物に格る」ではなく「知を致すことは、物に格ることに在る」となっていることに注目してほしい。「致知」と「格物」の関係は、他の条目どうしの関係とは異なり、表裏一体となっているのであった。

朱熹は次のように説明している。

「格物」と「致知」は、表裏相対する関係である。「格物」は「致知」を根拠づけるものなのだ。ある事物において理が一分窮められれば、自分の知も一分発揮され、理が二分窮められれば知も二分発揮される。窮めた理が多くなればなるだけ、自分自身の知も広くなるのだ。（『朱子語類』巻十八）

「致知」と「格物」は一つである。（『朱子語類』巻十五）

「格物」は理の面から語られたもの、「致知」は心の面から語られたものだ。（『朱子語類』巻十五）

「致知」と「格物」は、人が世界を見る際に起こる一連の過程の表裏をなしている。「致知」とは、「格物窮理」が行われる際に心の中で進行する「知」の拡充なのである。「知」は「物」に即して、「理」に即してのみ、その都度発揮されるのであり、決して「物」があって、その上に「理」があって、そしてそれを人が「知」るのではない。

以上のように、「格物窮理」「格物致知」とは、物事の「理」を究極まで探求し、それにともなってみずからの「知」を究極まで発揮させることなのであるが、ここに一つ疑問が生じよう。究極まで探求すると言うとき、それは、ある物事の「理」をとことん窮めることなのか、それともあらゆる「物」の「理」を窮め尽くすことなのか。「知」を究極まで発揮させるとは、ある物事の「理」を徹底的に知ることなのか、それともあらゆる物事を知り尽くすことなのか。
実は「格物」にしろ「窮理」にしろ「致知」にしろ、より注目すべきはそれぞれの動詞の方なのであった。

格る・窮める・致す

朱熹は、「格物」について次のように語っている。

「格物」とは、絶対にこうであるということが本当にわかるようでなければならない。子として孝を知らない者、臣下として忠を知らない者がどこにいようか。誰でもそういうことは知っているのだ。ただ、子であれば絶対に孝でなければならないし、臣下であれば絶対に忠でなければならないということが本当にわかって、絶対にそのように行動するようでなければならないのだ。(『朱子語類』巻十五)

知るというだけならば、誰でも知っている。子としては孝を知っているし、父としては慈を知っている。ただ知りかたが不十分なだけだ。必ず徹底的に知らなければならない。(中略)物事にはすべて理があり、人はその理を知っている。親には孝、子には慈でなければならないといったことはもちろん誰でも知っているが、窮め尽くしていないのだ。(『朱子語類』巻十五)

親子関係という「物」に「格る」とは、「孝」という親子関係の「理」を単に知っていることにとどまるものではない。知識として知っているだけならば、そんなことは誰でも知っている。問題は、どれだけ切実に知っているのかということにある。絶対にそうでなければならないという実感、そしてそれゆえ少しの懈怠もなく自然にそう振る舞えるということ、これが朱熹のいう「格る」ということなのであり、「窮める」ということなのであった。

「致知」についても、同じような発言が見える。

「致知」とは、窮極のところまで推し致し、徹底的に窮め尽くして、心底絶対にそうであることがわかることである。程子の言う虎に襲われて怪我をした人の譬《たと》えはとてもよい。（『朱子語類』巻十八）

程子の譬えとは、虎の恐ろしさは知識としては誰もが知っているが、実際に虎に襲われた経験のある人だけがその恐ろしさを真に知っているという話である。つまり、「致知」の「致す」とは、未知のものを知るようになるという知の拡充ではなく、虎に襲われた経験のある人が虎の怖さを身をもって知っているように、どれだけ実感的に知るかという知の深まりを意味しているのであった。

以上、朱熹のいう「格る」「窮める」「致す」とは、動かしようもない物事の現実に直面し、それがどうしてもそうでなければならないということをどれだけ実感をもって知りうるのかということなのであった。

このことは反面、それぞれの目的語である「物」や「理」や「知」が本来いかに自明であり、自然であるかということを意味している。「物」はどうにもならない現実として確かに存在し、「理」は本来その「物」のたしかさと一つであり、人の心はそれを確実に「知」ることができるのだ。ただ、「理」という概念を介在させたことによって、人はときとして「物」の実感から隔てられてしまい、みずからの「知」を曇らせてしまう。とは言え、「理」を介在させなければ、私たちは「物」を見ることもそれを知ることもできはしない。だからこそ、「物」に即して「理」を窮め、みずからの「知」を実感的に深めていかなければならないのであった。

一か百か

「格物窮理」「格物致知」の「格る」「窮める」「致す」の意味が以上のようであるならば、先に示した疑問、すなわち、ある「物」の「理」を徹底して窮めるのか、それともあらゆる「物」の「理」を窮め尽くすのかという疑問に対して、朱熹はどのように答えているのだろうか。

そもそも、「物」は無限であり、これですべてという段階は永遠に訪れない。それでもより百パーセントに近づくように少しでも多くの「物」の「理」を追究するべきなのであろうか。それとも、一つことに通じればすべてに通じるとでもいうように、一つの「物」の「理」を徹底的に探求し、心底実感できるまで「知」を発揮させるべきなのであろうか。朱熹はどちらの態度も不可とする。

朱熹は程顥《ていこう》（明道）の言葉を引きつつ、次のように述べている。

明道は「窮理とは、天下の理をすべて窮め尽くすことでもなく、一つの理を徹底的に窮めればよいということでもない。ただ積み重ねが多くなれば自然にはっと悟るところがあるはずだ」と言い、また「わが身のことから万物の理にいたるまで、理解することが多くなれば、おのずとぱっと覚えるところがある」と言っている。今の人は、多を求める者は天下の理を窮め尽くそうとするし、約を求める者は天下の物事はすべてわが身に集約されるとしてわが身に省みるだけでよいというが、どちらも正しくない。たとえば百の事柄があれば五六十理解すれば、残りは考えなくてもだいたいどんなものかわかるはずだ。（『朱子語類』巻十八）

朱熹は、百を要求するのでもなく、さりとて一を徹底すればよいとも言わない。百の内の五六十、つまり半分より多くが求められているのだ。そして、ある程度の積み重ねによって、残りは類推できると言う。つまり、「格物窮理」「格物致知」のゴールは、あらゆる物事を窮め尽くした時点にではなく、ある程度の数量の物事を窮めて残りは類推できるという地点に設定されているのであった。上に引いた程顥の「はっと悟るところがある」「ぱっと覚えるところがある」という言葉がそれで、その境地は「豁然貫通《かつぜんかんつう》」と呼ばれている。

豁然貫通

朱熹は「格物窮理」「格物致知」の一連の過程を次のように描いている。

霊妙なる人の心にはあらゆる物事を知りうる知があり、天下の物事には理のないものはない。ただ理において窮められていないところがあるので、知にもまだ発揮されていないところがあるのだ。それゆえ『大学』は、学ぶ者たちに、天下の物事に即してすでに知っている理をもとにおし窮め、究極に至るよう求めたのである。久しくこのことに努めていけば、あるとき豁然と貫通して、多くの物事の表裏精粗すべてに至ることができ、同時にみずからの心の完全なる本質と大いなる働きがあますところなく発揮されるようになる。(『大学章句』)

「豁然」とはからっと目の前が開けること、「貫通」とはすべてに通じるものを獲得した境地を意味している。実はこの「豁然貫通」という言葉は、禅の悟りの境地を表現する際に用いられるもので、それゆえ後世の朱子学批判においては、朱子学は禅を否定すると言いつつも実は禅の影響下にあると非難されるのであったが、朱熹にとっては「格物窮理」の終着点としてどうしても必要な表現であったのだ。

この「豁然貫通」の境地は、言い換えれば、聖人到達の境地でもある。朱熹は、「格物致知」「格物窮理」という修養の果てに人が聖人に到るということを「豁然貫通」という表現で示しているのであった。先に述べたように、この「豁然貫通」は、あらゆる物事の「理」が窮め尽くされた段階ではない。そうではなくて、ある程度の積み重ねによって残りは類推できるようになった段階が「豁然貫通」なのであり、聖人の境地なのであった。つまり、聖人は、すべての物事の「理」を窮め尽くすという原理的に不可能な地点にあるのでもなく、一つの物事の「理」を窮めることによってもたらされる啓示のような悟りの境地でもなく、日々の努力が積み重ねられたある地点に想定されているのであった。朱熹たちのスローガンである「聖人学んで到るべし」の聖人とは、学ぶ者の「工夫」の中にこそ位置づけられなければならなかったのである。

世界は一枚のジグソーパズル

「格物窮理」の果てに「豁然貫通」し聖人に到るという過程をよりイメージしやすくするために、ここに一つの例を用いたい。

いま無数のピースからなる大きな大きなジグソーパズルがあるとしよう。私たちはその無数のピースを一つひとつ適切な場所に当てはめてゆくのであるが、あるピースは、ここしかないという正しい場所に、これしかないという正しい向きに置かれなければならない。たった一つのピースでも置き方を間違えば、後々必ず行き詰まり、パズルは決して完成しない。膨大な数のピースであるから、最初のうちはなかなか作業ははかどらない。しかし、ある程度、そう半分ほどピースの位置が埋まってくれば、急に作業はたやすくなる。同時に、おぼろげながら全体像が見えてくる。残りのピースが少なくなればなるほど、一つのピースの位置を見つけるのに苦労はなくなる。そして、最後のピースをはめこんだとき、パズルは完成し、そこに美しい絵柄が現われる。

「格物窮理」とは、一つひとつのピースを正しい場所に置いていくことである。ある「物」には必ずその「理」があるというのは、一つのピースには必ず一つだけ正しい場所があるということなのだ。そして、この場所にこの向きにピースを置かなければ、必ず行き詰まり、パズルは完成しないのと同様、この「物」の「理」はこれしかない絶対のものであることを身を以て思い知ることが、朱熹のいう「格物窮理」なのである。

「豁然貫通」は、パズルが完成した時点を意味するのではない。半数ほどのピースが埋まって、急に作業がはかどり始めるその時点こそが「豁然貫通」なのだ。すでに置かれた多数のピースによって、残りのピースの場所が見つけやすくなるように、すでに窮めた「物」の「理」の積み重ねによって、これから出会う「物」の「理」も類推できるようになるというわけだ。

ちなみに、最後のピースは、自分自身の「心」という「物」の「理」である。すでに述べたように、朱熹の最終目標は「心」であり、その最も大切な「心」の「理」に到るために、朱熹は遠大な迂回路をたどっているのであった。逆にいえば、「心」以外のすべてのピースが埋まることによって、おのずと「心」の「理」が浮び上がってくるということである。

とはいえ、この迂回路はあまりに遠回りをしすぎているのではないか。陽明学の朱子学に対する疑念は、まさにそこにあったのだ。

真理の探求？

以上、朱子学と言えば必ず登場する「格物窮理」「格物致知」の内容を、できるだけ現代の私たちにもイメージしやすいように説明を試みたつもりであるが、それでも結局のところ「格物窮理」とは端的に「何をどうする」ことなのか、すっきり言い切ることは難しい。

そもそも「理を窮める」という言い方は、日本語としてもそれなりにわかったような気にさせる表現であるが、それはいったい「何をどうする」ことなのであろうか。

ここでもう一度思い出してほしいのが、かつて私たちの先人は「窮理学」の名のもとに様々な西洋近代の学問を受容したという事実である。そして、すでに述べたように、今でも私たちは「物の理を窮める」学問を物理学と呼び、「心の理を窮める」学問を心理学と呼んでいる。物理学は物質の「何をどうする」学問なのか、心理学は人の心の「何をどうする」学問なのか。物理学や心理学の研究対象は、朱子学のいう「理」とどこがどれだけ異なるのか。あるいは、いま「研究」という言葉を使ったが、近代以降の諸学問が暗黙の前提としている「探求する」「研究する」ということ自体も、結局は「どうする」ことなのか。

もちろん、現代の物理学や心理学が、朱子学の「窮理」と同じであるというつもりは毛頭ない。むしろ、近代以降の諸学問が暗黙のうちに前提としている発想と、朱子学の「格物窮理」とのあいだの隔たりにこそ注目したいのだ。さらに言えば、そうした反省を欠いたまま、西洋の近代科学を「窮理」の名のもとに受容し、今でも「〇理学」という名称を用いている私たちは、本当に正しく外来の新しいものを受容してきたのかということも考えてみなければならない。

あるいはもっと先を見るべきかもしれない。西洋近代の諸学問が掲げる「客観性」「合理性」「実証性」等々の錦の御旗を、私たちはいつまで無反省に有り難がっていられるのだろうか。そのご威光に翳りが見え始めた今の時代において、まったく別の発想として朱子学の「格物窮理」を見つめ直してみることもあながち無駄なことではないだろう。

朱子学の「格物窮理」は、私たちが「理を窮める」という表現から常識的にイメージする真理の探究や原理の研究ではない。このことを明確にするために、朱熹の「格物窮理」の現場に立ち会ってみよう。

格物窮理の現場

あらゆる「物」には「理」がある以上、朱子学の「格物窮理」の対象は、原理的にはあらゆる物事であり、特定の場面に限定されるものではない。目に触れる物事は、自然現象であれ、歴史的事象であれ、政治問題であれ、人間関係であれ、果ては心の悩みであれ、すべてそれぞれ「なぜそうなのか」「どうでなければならないのか」という「理」を有しており、それらを一つひとつ「窮める」のが朱熹のいう「格物窮理」なのであった。

事実、朱熹たちも知的好奇心のおもむくままに、それこそ今でいう自然科学から歴史・政治の問題まで、あるいは倫理問題から人生論にいたるまで、実に様々なことを話題に取り上げ、語り合っている。ちなみに、「窮理」の対象がこのように広範囲にわたることが、朱子学を経た東アジアの諸地域が西洋近代の学問を受け入れる際に、朱子学をその窓口とした最大の理由なのであった。

しかし、朱熹の「格物窮理」には最優先すべき対象があった。経書（四書五経）である。「格物窮理」は、あらゆる物事を対象とすることを否定するものではないが、何よりもまず経書を読むことにおいてなされるべきなのであった。なぜならば、聖人によって残された経書は「理」に満ちあふれた書物であり、経書の「理」に通じれば、現実の物事の「理」を類推することもたやすくなるからであった。いわば、もっとも有効で効率的な「窮理」は、経書を読むことにあるというわけだ。

すでに述べたように、儒者にとって経書は絶対の存在である。それは、経書に書いてあることを無批判に信じよという意味ではなく、経書が存在する以上、新たな著作は必要ないという意味において、経書はあらゆる「理」を含む完成されたものなのであった。繰り返すが、朱熹の主著は『四書集注《ししょしっちゅう》章句《しょうく》』という経書の注釈書である。経書を注釈することが、朱熹にとっての「格物窮理」なのであった。

そしてここに、朱子学の「格物窮理」といわゆる真理の探究や原理の研究との根本的な違いがある。経書には、つまり聖人には、いわゆる未知は存在しない。経書が完成されたものである以上、真理は常にすでに明白なものなのであった。すなわち、「格物窮理」とは、未知の真理や原理を探求することではなく、既知の「理」を一つひとつ確認し、それを実感的に理解することなのである。

こうした「格物窮理」に、前近代の思想の限界を見ることはたやすい。既存の価値を疑わず、みずからそれを絶対のものと実感することを求める朱子学の「格物窮理」は、まさしく近代の学問ではない。朱熹たちには別の目的があったのだ。

すべては心のために

もう一度、先に引いた朱熹が描いた「格物窮理」の最終局面を思い出してほしい。

久しくこのことに努めていけば、あるとき豁然と貫通して、多くの物事の表裏精粗すべてに至ることができ、同時にみずからの心の完全なる本質と大いなる働きがあますところなく発揮されるようになる。（『大学章句』）

「格物窮理」の果てにひらく境地を、朱熹は「心」の有り様として描いているのだ。すべては「心」のため、この「心」の「理」をあますところなく発揮し、「心」と「理」が自然に溶け合った境地こそが、「格物窮理」の目指すところなのであった。

この境地を、既存の価値や枠組みを信じて疑わない盲目的でお気楽な境地と批判することはたやすい。既存の価値を疑わないかぎり、たしかに「心の欲する所」は決して「矩《のり》」をこえはしない。だが、そんなところに心の安定を見出してよいのだろうか。現代の私たちならば、当然そう疑問に感じるであろう。私たちの理性は、私たちの真理は、決してそんなもので誤魔化されはしない、と。

しかし、ここで改めて考えてみてほしい。私たちの理性とは、いったい何を根拠にしているのか。私たちの理性が必ず真理にたどり着けることをいったい何が保証してくれるのか。理性といい、真理といい、これらの近代的な概念に含まれた「理」の字の根拠は、朱熹のいう「理」の根拠同様、存外危ういことが見えてくるのではないか。そして、ときに理性は暴走し、真理は暴力的な力で人を圧迫する。現代の私たちはむしろこう問いかけてみるべきかもしれない。私たちは理性を過信し、真理を盲信しているのではないか、と。とは言え、そう問いかける私たちは、結局は理性によって理性や真理を疑っているだけなのかもしれない。

こうした、いわば理性の袋小路を感じるとき、朱子学の「格物窮理」の前近代性は、むしろまったく別の発想の可能性を示唆してくれるのかもしれない。

すべては「心」のため、だからこそ「心」ではなく「物」の「理」を「窮める」ことから始める朱子学の「格物窮理」は、「心」の危うさを知っているがゆえのものであった。しかし同時に、朱子学の「格物窮理」は、「心」の実感を何よりも頼りにしている。「理を窮める」とは、絶対にそうでなければならないと心底実感することであり、「なんだ、どうり（道理）で」と腑に落ちて安心することなのであった。いわゆる近代の理性や真理に現代の私たちの「心」が違和感を感じるならば、その「心」をもう一度「なんだ、どうりで」と納得させるものを、私たちは探し求めなければならないのであろう。

格物窮理と居敬

ここで改めて前章の最後で示した問題に立ち戻ってみよう。

朱熹は「居敬」と「格物窮理」の両方が同時進行することをもって、「工夫」は完成すると考えていた。つまり、「居敬」には「格物窮理」が不可欠なのであり、「格物窮理」には「居敬」が不可欠なのであった。では、「格物窮理」を不可欠とする「居敬」とは、あるいは「居敬」を不可欠とする「格物窮理」とはどういうことなのであろうか。

前章で見たとおり、「居敬」とは、「うやまう」「つつしむ」という「敬」の字の意味が想定されるような特定の場面の心の状態をイメージしつつ、心が極度に緊張し集中した状態を意識的に作り保つ方法であった。そして、そのためには外形を整え、目の前の具体的な事柄に意識を集中させて一つひとつの動作を丁寧にすることが求められるのであった。この方法にとって、「格物窮理」が必要とされるのはどういう意味においてなのだろうか。

「居敬」にとって「格物窮理」が果たす役割は、「心」を直接の対象にせずに「心」の緊張感を持続するための「工夫」の場を確保することであった。朱熹は「敬」を保つ手段として、経書を読むことを勧めている。

　初学の者は敬がすぐ途切れてしまうが、すこしでも途切れたと感じたならば、すぐに気をひきしめるしかない。そう感じた瞬間にまたつながるのだ。敬を途切れさせないために、私は人に書物を読んで正しい道理を体認することを勧めている。日中いつも書物を読んでいれば、この心がどこかへ行ってしまったりすることはない。さもないと、物事に紛れて心はくらまされてしまう。そう気づいたならば、書物を読んで道理を体認すれば、心を呼び戻すことができるのだ。（『朱子語類』巻十二）

すでに前章で見たように、「敬」はその実践において「まずは形から」整えていくことが求められていた。同様に、「まずは外から」という意味において、外界の事物の「理」を対象とする「格物窮理」が求められたのである。つまり、「心」の状態としての「敬」にとって、「心」以外の客観的な外物に意識を向けることが有効と考えられていたのであった。

一方、「格物窮理」にとって「居敬」はどういう役割が期待されていたのであろうか。朱熹は次のように語っている。

学ぶ者は窮理をしなければ、道理を理解することはできない。しかし、窮理をしても敬を保っていなければ、やはりだめだ。敬を保っていなければ、道理を考えてもばらばらで、自分の心のところに集まってこない。（『朱子語類』巻九）

たとえば読書という「格物窮理」において、漫然と読むのではなく、意識を集中させ、緊張感を保ちつつ読むことが必要であることは常識的にもわかりやすい。「格物窮理」に「敬」が必要とされたことの一端は、そのような主体的・意識的な取り組みの態度であったことはまちがいない。しかし、それだけにとどまらず、「敬」は個別の「窮理」をみずからの「心」へと集約していくために不可欠なものなのであった。個々ばらばらの「理」を一つひとつ窮める「格物窮理」は、すべてみずからのこの「心」の実感を通して窮められなければならないものであり、そうであってこそ、「格物窮理」は「心」のための修養となりうるのであった。

そして、「敬」という字のもつ意味合いが示すように、あるいは「敬」の「模倣→習慣化」という原理が示すように、「居敬」が「格物窮理」に不可欠とされた要因の一つに、既存の「理」に対する敬意がある。つまり、真似をする手本を疑っていてはいつまでたっても身につかないように、「敬」を保ちつつ「格物窮理」することによって、既存の「理」に対する服従の心が保たれるのである。繰り返すが、「格物窮理」は真理を理性的に無限に追究し続けることではない。「敬」との同時進行によって、「格物窮理」は、「理」に対する理性の無限の追究に歯止めをかけることができるのであった。

終わらない道のり

ところで、以上のような「居敬」と「格物窮理」の同時進行は、朱子学を生きようとする者たちに何をもたらしたのであろうか。聖人になるため、すなわち「心」と「理」の調和を実現するための方法として示された「居敬」と「格物窮理」であるが、実は両者は方法として致命的な矛盾を抱えていた。なんと、この方法は終わらないのであった。

「まずは形から」という「居敬」の方法論が、常により重要なものとして目に見えない「内容」を先送りにするために終わらない構造になっていることは前章で見た通りである。これに加えて、「まずは外から」の「格物窮理」も、あくまでも内なる「心」の「理」に近づくために外物の「理」を対象とすることにより、やはり常により重要な「心」の問題への漸近線とならざるをえない。しかも、「居敬」において習慣化したことを意識し、それを宣言することが憚られるのと同様に、「窮める」ことが「心」の納得という主観的なものである以上、実際問題としてはこれで窮めたと言い切ることも憚られて不思議はない。

つまり、「まずは形から」「まずは外から」という方向性は、朱子学の方法の特徴であるのだが、このことによってこの方法は決して終わらない構造になってしまっているのであった。人は誰でも努力することによって聖人になれるというスローガンのもとに、その方法を具体的に提示した朱子学であったが、「居敬」も「格物窮理」も決して終わらない方法、少なくともこれで終わりだと自覚し宣言することのできない方法なのであった。

そして、さらにもう一つ忘れてはならないのが、そもそも朱子学における「心」の意味である。朱子学は聖人になることを目標としている。そして、ここに言う聖人とは、すでに繰り返し強調したように、「心」と「理」の調和した境地を意味している。ところが、朱熹のいう「心」とは、「工夫」を主体的に引き受けるときにのみ立ち現れるものなのであった。つまり、目標に到達し、「工夫」の必要がなくなれば、「心」は要らなくなってしまうのである。したがって、朱熹にとって「工夫」は終わってはならないものなのであり、「居敬」と「格物窮理」という方法は、聖人への道のりを無限に引き延ばしながら支えるものでなければならなかったのだ。

朱熹と朱子学

考えてみれば、朱熹は聖人になってはいない。少なくとも朱熹自身が、ある日を境に自分が聖人に到達したと宣言したことはないし、門人たちも朱熹を聖人とは呼んでいない。朱熹自身にとっては、生涯「工夫」を続けていくことに意味があったのかもしれないが、聖人到達のスローガンを掲げた朱子学の祖が聖人になっていないということは、考えてみればおかしな話である。朱子学はできもしないことを人に強いる学問なのか。これを朱子学のペテンだと批判する者が現われても不思議はない。

ところで、朱熹は朱子学者ではない。すなわち、朱熹にとって完成された朱子学は存在しないということだ。朱熹の一生は、常に未完成の体系を作り続けた「工夫」の過程であった。朱熹が死に、朱子学は閉じた体系として完成する。朱熹没後、必ず聖人になれるという絶対の信念と、だからこそ誰もが聖人を目指さなければならないという強い要請のもと、これを実践すればよいという具体的な方法までを与えられた者たちに対して、いわゆる朱子学は何を与え何を強いたのであろうか。

次章で、朱熹といわゆる朱子学の関係を整理し、朱子学に対する批判が生まれるゆえんを探ってみたい。

第七章　ああ言えば、こう言う——朱熹と朱子学

偽学から体制教学へ

一二〇〇年、朱熹はその七十年の生涯を閉じる。孔子が「心の欲する所に従いて矩を踰えず」とその境地を語った七十代を迎えたのもつかの間、聖人を目指し悪戦苦闘の「工夫」を続けた朱熹の一生は終わりを告げた。そして、ここに「朱子学」が誕生する。生きているかぎり「工夫」の過程であった朱熹の思想は、その死によってはじめて閉じた体系となったのであった。

ところで、朱子学といえば、中国においても朝鮮においても、そして日本においても、体制教学あるいは御用学問のイメージが強い。たしかに、朱子学は時の権力と結びつき、絶大の権威を誇った。しかしながら、朱熹が生きていた間、朱熹の学派はかならずしも常に体制側から歓迎されていたわけではない。朱熹に対して比較的好意的な人物が政治の中枢にいた時期には、朱熹が皇帝にご進講をする栄誉に浴することもあったが、総じて朱熹は体制を牛耳る者たちからは煙たがれ、「偽学《ぎがく》」の烙印を押され弾圧を受けた時期もあったのである。

朱熹が時の政治的権力者から煙たがられたのは、一つには彼の個人的な性格が起因している。朱熹

の人物像については最終章で改めて取り上げるが、ひと言で言えばかなり「しつこい奴」であったようだ。たとえば、不正を許せないのは当然のことであるとは言え、その糾弾の執拗さ執念深さには、朱熹に対して好意的な人たちでさえうんざりといった具合で、とかく敵を作りやすい性格であったらしい。そうでなくとも為政者に徳を求める儒教の理想論は、現実の腐敗した政治にとってはむしろ革新的であり、既得権を守ろうとする保守派にとっては脅威となっていたにもかかわらず、朱熹の為人《ひととなり》がさらにそれを増幅させていたのである。

朱熹の生きた時代、学派の浮き沈みは、政治の舞台におけるその学派のシンパの浮き沈みと連動していた。朱熹が死んだのはちょうど朱熹学派にとっては受難の時期で、当局のマークを恐れて葬儀に参列できなかった者、あえて参加してその勇気を誇る者等々、朱熹の葬儀は決して体制教学の祖の葬儀ではなかった。朱熹は「偽学」の祖としてこの世を去ったのである。

その朱熹学派が、後にしだいに政治権力に近づき権威をもつようになったのは、一つには門人たちの政治的活躍によるところが大きい。つまり、政治の中枢に朱熹の門人たちが入り込むことによって、朱熹没後、朱子学はようやく名誉を回復することができたのである。そして、朱子学の体制教学としての地位を決定づけたのが「科挙」であった。

朱子学と科挙

一般に、朱子学は元の時代（一二七九～一三六七年）に国教化されたと言われる。ここにいう「国教化」とは、具体的には朱子学の経書解釈が科挙の規準テキストとして採用されたことを意味している。つまり、科挙を目指す者はだれしも、朱熹が経書に施した注釈を幼い頃から覚え込むということであり、「国教化」という表現から漠然とイメージされるような、国を挙げての思想統制として、朱子学の思想が国民に強制されたという意味ではない。しかし、科挙と結びつくことによって、朱子学はたしかに立身出世のための唯一の方途となったのであり、その意味において絶対の権威を誇る体制教学となったのであった。逆に言えば、どれだけ試験のため出世のための方便に成り下がろうと、朱子学は士大夫だれもが身につけている共通の教養となったことも事実なのである。

ところで、なぜ朱子学であったのだろうか。国教として選ばれたのがほかではなく朱子学であったことの理由についても、あるいは漠然とした誤解があるかもしれない。すなわち、朱子学の内容が、体制を維持するために、あるいは当時の社会秩序を守るために都合が良かったから、というようなことがイメージされているかもしれない。しかし、当時の為政者が朱子学に精通して、その思想内容のゆえに朱子学を選んだとは考えにくい。

たとえば、元はモンゴル民族の王朝であるが、朱子学は中華（世界の中心の文化の華）としての漢民族と、その他の民族を区別し、後者を「夷狄《いてき》」と蔑称する。元は紛れもなく夷狄の王朝であり、その元が夷狄を蔑視する朱子学を国教と定めたというのは理解に苦しむところである。考えてみれば、朱子学が体制と結びつき権威を誇った朝鮮も日本も、ともに夷狄の国にほかならない。夷狄を軽蔑する朱子学が、皮肉にも夷狄の政権によって権威づけられたこと一つをとってみても、朱子学の内容が体制にとって都合が良かったがゆえに選ばれたというような単純な話ではないことは窺われよう。

むしろ、儒教が漢の時代に経書という書物の存在ゆえに国教化されたのと同様に、朱子学が最も経書の注釈書を完備していたという客観的な条件が大きく作用していると考えられる。少数のモンゴル民族が絶対多数の漢民族を支配するために利用した科挙というシステムにとって、朱子学は便利な存在であったということだ。もちろん、朱子学の内容は、一般にイメージされる通り体制維持に都合の良いものであることは間違いない。ただ、なぜ朱子学であったのかという疑問に対しては、そのことを答えとすることには留保が必要であることを覚えておきたい。

いずれにせよ、国教となった朱子学が、体制を維持するために便利な理屈を提供したことはたしかである。それと同時に、体制教学となったことによって、朱子学の方も変化せざるを得なかった。それは、朱子学の内容の変化と言うよりは、むしろ朱子学の印象の変化と言うべきかもしれない。革新的危険思想としての朱子学と、保守的体制教学としての朱子学とでは、朱子学の印象は大きく異ならざるを得ない。そして、後者の印象が後の朱子学批判を誘発したとも言えるのであった。

以上のように、科挙と朱子学とは切っても切れない関係にある。その意味で、科挙のない日本が本当の意味で朱子学を受け入れたのかどうかについて疑問視することもできよう。このことは、後で改めて考えてみたい。

朱熹と朱子学と朱子学批判

さて、ここで改めて整理しておきたいことがある。すなわち、朱子学はもちろん朱熹の思想であるが、朱熹という個人の思想と、朱熹没後のいわゆる朱子学とは区別されなければならないということ、そして後世の朱子学批判の多くは後者に向けられたものであるということである。

もちろん、朱子学は朱熹を祖と仰ぎ、その名を冠した学問体系であるから、朱子学者たちに朱熹の思想に背く意図はあり得ない。後世のいわゆる朱子学者たちの言説の中から、朱熹と異なる思想を読み取ることは困難であり、そもそもそんなものが見つかれば朱子学者とは呼べない。それでも朱熹自身の思想といわゆる朱子学とを区別するのは、一つには、体系を構成する要素は同じでも、それらを組み立てるバランスが異なるからであり、さらに言えばその体系を生きて支える人物の容量が異なるからである。

もう一つは、体制教学となったことによって朱子学が蒙った変化である。これも、朱子学の内容そのものが、朱熹の思想内容から変化したということではない。すでに述べたように、変化したのはむしろその印象であり、社会的な立場であった。しかし、印象の変化は、朱子学に対する評価を左右する。同じ概念であっても、どの立場のどの人物がどういったバランスで語るかによって、少なくとも外から見える朱子学像は大きく変らざるを得ない。後世様々に提出される朱子学に対する異議申し立ての原点に、著しくバランスと社会的役割を変えた朱子学の印象がなかったはずはない。

逆にいえば、朱子学に対する批判の多くは、そのバランスの悪さとそれを担う人物の狭量、およびそれにもかかわらず身にまとう権威の笠とに向けられたものであった。それゆえ、朱子学を批判していたはずが、バランスを是正しただけに終わってしまい、むしろ朱熹の思想に逆戻りしてしまうことも少なくなかったのである。

朱熹のバランス感覚

朱熹の思想の真骨頂は、すべてを二項対立で捉え、その間のバランスを絶妙に保ち続けたところにあった。たとえば、「理」と「気」は、それぞれ「あるべき」理想と「あるがまま」の現実とに還元できるが、「理」のない「気」はなく、「気」のない「理」もないように、両者は決して一元化されることはない。すでに述べたとおり、「あるべき」理想と「あるがまま」の現実とを同時に見据えたところにこそ朱熹の最も大切にした「心」は見出されるのであり、両者の緊張関係をバランス良く保ち続ける営みが「工夫」なのであった。

あるいは、「工夫」の方法においても、朱熹は「格物窮理」と「居敬」の二項を提示し、両者が同時進行することを求めた。外物の「理」を対象とする「格物窮理」と内面の緊張感を高める「居敬」は、両者相俟ってこそ成り立つ修養方法であり、どちらか一方に偏ることは許されないのであった。

すでに紹介した朱熹の思想を構成する諸概念を整理すると、次のように図示することができる。

ところが、朱熹の意図とは裏腹に、朱熹の示した二項対立は、往々どちらか一項に偏りがちになる。そして、そのバランスを欠いた姿が、各時代各地域の朱子学像を形成する。たとえば「格物窮理」に偏れば、内面をおき忘れた知識偏重型の朱子学となり、これが科挙の受験勉強と結びつき体制教学としての朱子学像を形成する。一方、「居敬」に偏れば、客観性を欠いた自己陶酔型の朱子学となり、社会的有用性に背を向けひたすら自己修養に励むタイプの朱子学像が形成される。そして、それぞれの朱子学像に誘発されるようにして様々な朱子学批判が登場するのであった。

あるいは、二つに分ければどちらかがより重くなるのは物事の自然な趨勢であるのかもしれない。二つを同じ重さで保ち続けるためには、並々ならぬバランス感覚と緊張感が必要とされるはずである。後世の朱子学の偏向は、そもそも朱熹が二つに分けたせいであるとも言えるのかもしれない。しかし、朱熹にとっては二つに分けた上で両者のバランスを保つことが必要だったのである。

ああ言えば、こう言う

朱熹が必死で保とうとしたバランスが崩れていく様は、朱熹没後の朱子学の偏向を待つまでもなく、朱熹と門人たちとのやりとりの中にも見出すことができる。朱熹の語録である『朱子語類』には、門人たちの様々な問いかけに答える朱熹の言葉が記録されているが、そこに見えるのは、まさに「ああ言えば、こう言う」といった態《てい》の、師としての朱熹の姿であった。

たとえば、ある門人が「読書をして理を窮めるべきですね」と問いかければ、朱熹は「読書よりもまずは自分の心を見つめよ」と答える。ところが、「静坐をして心を落ち着けさせるのはどうですか」と問う者には、「そんなことよりも、たくさん書物を読んで理を窮めなさい」と言う。「根本が大切か」と問えば、「些末な日常こそが大切だ」と答え、「日常の物事を一つひとつ大切にすべきか」と問えば、「それらを貫く根本を求めよ」と答える。要はどちらも必要だということであるが、朱熹は門人それぞれの性格や能力、あるいは状況に応じて常に反対のことを要求し、バランスを取らせようとしているのであった。

したがって、朱熹の発言を断片的に拾い集めれば、後世の朱子学批判がどちらへの偏向を批判したとしても、批判者が強調するもう一方を朱熹の言葉の中に容易に見つけ出すことができることになる。しかし、言うまでもなくそういった朱子学批判は、朱熹の思想の核心には迫らない。朱子学批判が、朱熹自身の思想の核心にまで迫り、傷を負わせるためには、二項対立の成り立ちそのものを切り崩していかなければならないのであるが、ことはそれほど簡単ではなく、多くの朱子学批判は、朱子学の偏向を是正して、朱熹の思想を無傷のまま生き延びさせてしまっているのであった。

とは言え、朱熹にも究極の二者択一を迫られる場面がある。そして、その場合どちらの一項を選ばざるを得ないかということにも、朱熹の思想の特徴を見て取ることができるのであった。その一つの例を見てみよう。

最愛の不肖の弟子の「気象」

朱熹の門人に黄幹《こうかん》（一一五二〜一二二一年）という人物がいる。朱熹の最も愛した弟子であり、朱熹は娘を彼に嫁がせている。いわば朱熹の認めた後継者であり、朱熹没後の朱門を守ったのは黄幹であった。この黄幹について、朱熹は次のように語ったことがある。

黄幹は本はよく読めるが、ただ気象が小さい。それで時々読み方に良くないことがある。（『朱子語類』巻一一七）

ここに見える「気象が小さい」という評価は、他の箇所では常に黄幹を褒めてやまない朱熹が、最愛の弟子に与えたほぼ唯一のマイナスの評価であった。

「気象」といえば、現代日本語では天気や気候などの大気の状態を意味するが、「進取の気象」という言葉もあるように、人の心の状況や性質を意味することもある。朱熹たちが使う「気象」という言葉はそれよりもさらに広く、人であれ何であれそのものの全体的な雰囲気や気配をトータルに捉えるときに使う言葉であり、特に人物評価の重要な観点として用いられることが多かった。

人物評価における「気象」とは、その人物の気性・能力・雰囲気をトータルに捉える概念で、いわばその人物のレベルや境地を意味している。朱熹たちは、聖人の「気象」を学び、みずからの「気象」を競い合い、そして「気象」において、たとえば『論語』に見える孔子の弟子たちを序列化する。つまり、「気象」における評価は、その人物のレベルや境地に対する総合的な評価なのであり、その意味において朱熹が黄榦に与えた「気象が小さい」という評価は、実は黄榦にとっては致命的なものなのであった。

黄榦は、努力を惜しまない謹厳実直な人柄ゆえに、朱熹に高く評価され愛された弟子であった。朱熹はしばしばその刻苦勉励ぶりを讃え、他の門人の模範として別格の扱いをしている。ところが、その最愛の弟子は「気象が小さい」と言わざるをえない不肖の弟子であった。すなわち、黄榦という人物は、真面目な努力家ではあったが、人としてのトータルな能力に欠けていたということである。ではなぜ朱熹はその不肖の弟子に衣鉢を托したのか。努力か才能か、過程か結果か、ここにも朱熹の二項対立があったのである。

気象よりも工夫

『論語』に曾点《そうてん》と曾参《そうしん》という父子が登場する。父の曾点はいわゆる天才肌、息子の曾参は愚直な努力家というまさに正反対の父子であった。孔子は、曾点の自由恬淡な「気象」を愛しつつも、みずからの道の継承者として選んだのは曾参の方であった。孔子が「曾参よ、私の道は一つのことで貫かれている」と名指しで呼びかけ、曾参がひと言「はい」と答えたやりとり（『論語』里仁篇）は、孔子と曾参だけがわかり合ったあうんのやりとりとして「一貫」の教えと呼ばれている。

この父子について、朱熹は次のように語っている。

曾点と曾参の父子は、ちょうど正反対だ。曾点があのように聡明であるのに対して、曾参の方は鈍重で、ひたすら頭を低くして一歩一歩進み、「一貫」の教えに出会ってようやく孔子の道を悟ったのだ。曾参はこの時はじめて曾点のレベルに達したということであるが、それぞれの人としての度量や「気象」はやはり別のものだ。（『朱子語類』巻四〇）

曾参と曾点の父子はまったく似ていない。曾参は一つひとつの事柄に即して実践し、精密に委曲を尽して、十分に習熟した上で、孔子に「一貫」の教えを指摘されてようやくはっと悟ったのだ。曾点はそれとは違って、もともと孔子の道がどういうものであるか悟っていたが、細かい実践の努力をしたことはなかったのだ。だからこそ、孔子は曾点の境地に賛同するだけで、道を伝えるということになると、やはり曾参の方であったのだ。我々学ぶ者は、曾参のように努力実践すべきだ。曾点はある種の天才だから、真似ることはできない。（『朱子語類』巻四一）

この曾参に、朱熹の最愛の不肖の弟子である黄榦を重ねてみれば、朱熹にとっての二者択一の意味するところが窺われよう。朱熹は、境地や能力の高さ、すなわち「気象」の大きさよりも、どれだけたゆまぬ努力を続けているかという「工夫」の方を選んだのであった。このことは、朱熹が「気象」か「工夫」かの二項対立を、「工夫」に一元化したということではない。「気象」という言葉に凝縮された人格のレベルの向上こそが、朱熹たちの最大の関心事であったことは変らないからだ。ただ、努力だけではどうにもならない才能や境地をとるか、どれだけ能力に欠けようとも着実に積み重ねられる努力をとるかという究極の選択を迫られたとき、朱熹は後者を選択せざるを得なかったのである。それは、朱熹自身がいついかなるときでもいまだ聖人ではない「工夫」の実践者、すなわち「学ぶ者」であったからにほかならない。

朱熹の用意した朱子学

朱熹の思想の真骨頂は、二項対立のバランスにあるとすでに述べた。そして、そのバランスが崩れ、二項のいずれかに偏ってしまった後の朱子学が様々な批判を受けたことについても、すでに確認した。しかし、上に見たように、朱熹自身においても、二項は常に平衡を保っていたわけではない。そして、どちらか一方に偏るのならば、こちらでなければならないものが、朱熹自身の中にもあったのだ。

朱熹の思想といわゆる朱子学とは区別されなければならないとすでに述べた。しかし、後世の朱子学がどれだけ朱熹のバランスを見失い、偏りゆがんだものになろうと、その偏りの方向は、ほかならぬ朱熹が用意したものなのであった。

たとえば、「理」と「気」、あるいは「性」と「情」は二者択一のできるものではないが、それぞれが「あるべき」理想と「あるがまま」の現実とに還元されれば、朱熹にとっては前者を価値的に重視せざるを得ない。そして、朱熹のこの傾向を極端に強め、「あるべき」理想ばかりを強要し、「あるがまま」の現実を見失えば、そこに顔をのぞかせるのは一般にイメージされる朱子学のリゴリズムに他ならない。

またたとえば、「格物窮理」と「居敬」は互いに他を不可欠としつつも、実践の着手点としてはより客観度の高い「格物窮理」が優先され、ときに「居敬」の方便として「格物窮理」が言われることもある。朱熹にすれば、「工夫」の客観性を保つために、あくまでも「まずは」という意味で「外から」「形から」を強調したにすぎないのであるが、「外から」「形から」に終始すれば、「心」を見失った知識偏重型の朱子学に行き着く。さらに科挙と結びつくことによってこの傾向に拍車がかかれば、今度はそれに対する反発から、科挙に背を向けひたすら「居敬」に努める朱子学者が現われる。

現実よりも理想を、目に見えない内面よりも具体的な外の物事を、才能よりも努力を、朱熹が選んだこの傾向の先に後世の朱子学のイメージの主流があるとすれば、それは朱熹の思想の当然の帰結ということになろう。

朱子学から最も自由な朱熹

朱子学は、じつに見事な対称型の思想であり、部分的に修正を加えようとすれば体系全体が崩れてしまうようなきわめて精緻な体系性をもつ思想であると言われることがある。「理」と「気」、「性」と「情」、「未発」と「已発」、「格物窮理」と「居敬」等々、朱熹は様々な二元論をくり出して、この現実の世界に生身で個別に生きる人間に、生きる意味や価値や目標、さらにはその具体的な方法を示そうとした。この神経質なまでに用意周到な朱熹の思想体系がその死によって閉じられたとき、そこに残されたものは、身動きのとれないほど息苦しい完璧な体系であった。そして、それはこの体系を引き受け生きる者たちを袋小路に追い込むことになる。朱熹没後のいわゆる朱子学の偏向は、閉じこめられた者たちの切ない悪あがきとも言えるのであった。

朱熹の残した体系の呪縛はことのほか手強い。その最大の理由は、その体系の内と外とを分ける境界線が見えにくいことにある。すでに引いた本居宣長の「これは漢意ではない、当たり前の道理だ、などと思うことがまさに漢意から離れがたくなってしまっているのである」という言葉を思い出してほしい。

あらゆるものごとは「気」であるが、そこには必ず「理」があり、人の「心」はそれを知ることができ、それを知ることによって人の「心」は安定する、という朱子学のテーゼは、考えてみれば私たちのごく常識的な感覚を言い当てたものにすぎないのかもしれない。すなわち、あらゆるものごとはただあるがままにそうあるだけなのだが、人はついそこに何らかの法則性や秩序や意味や価値や正しさを見出そうとしてしまう。そして、それが見出せなければ人の心は落ち着かない。あるいは、人はみずからをあるがままに引き受けざるを得ないが、そこに何らかの向上の余地や理想を持たずにはいられない。

ただ、そうしたごく常識的な感覚がバランスを欠き、「あるがまま」よりも「あるべき」を強調しすぎれば、「理学」としてその人情味を欠いた厳格主義や現実無視の綺麗事が批判されることになる。そうかと言って、人はいつまでも「あるがまま」だけに生きることも難しく、ついそこに「あるべき」何かを求めてしまう。こうした堂々巡りは、ひとたびその中に閉じこめられた者にとっては、容易に抜け出すことのできない落とし穴のようなものなのであった。

そう考えたとき、朱子学の呪縛から最も自由であったのはほかならぬ朱熹自身であったのかもしれないことに気づくだろう。朱熹にとって朱子学は閉じた体系ではなかったのであり、朱熹だけが朱子学を前提としなくてもよかったということだ。朱熹が用意した朱子学の呪縛を解く鍵は、朱熹自身の思想に遡ってこそ見つけ出せるのかもしれない。

朱熹の用意した陽明学

朱子学の呪縛を外側から批判しようとするならば、「あるがまま」と「あるべき」を対立的に考えることそのものを疑ってみなければならない。「あるがまま」がそのまま「あるべき」であるような地点、朱熹にとってはそれはすでに失われた原点であった。

万物の中で最も質の良い「気」からなる人間は、本来何ものにもまさって「あるがまま」が即「あるべき」あり様《よう》であったはずであり、それが儒教の「性善説」であった。だがそもそも、「あるべき」

姿という観念、すなわち「理」を語るのは人間だけであり、人間以外の万物にとって「あるがまま」と「あるべき」の区別はない。人間だけが、「あるがまま」の現実に対置させて「あるべき」理想を求め、いまだ「あるべき」理想ではないものとして「あるがまま」を見る。この「あるがまま」と「あるべき」の対立が、朱熹にとっての出発点にほかならない。そして同時に、「あるがまま」が即「あるべき」であるという失われた原点を、朱熹は目標としてはるか彼方に掲げたのであった。

これに対して、「あるがまま」がそのまま「あるべき」であるという原点に立ち返り、それを出発点にし直すこと、陽明学の試みはそこにあった。つまり、陽明学は朱子学の図式を逆転させようとしたのであり、そういった意味で朱子学と問題意識を共有している。いわば朱子学の末路が陽明学を誘発したのである。すでに述べたように朱子学が朱熹の思想の帰結であるならば、陽明学を用意したものも朱熹の思想の中にあったということである。

朱熹が目標とした地点を出発点とし直すことによって、陽明はどこへ行こうとしたのか、次章で詳しく見てみたい。

第八章　心の外には何もない——朱子学と陽明学

竹の理を窮める

陽明学の「陽明」は、元に続く明の時代に生きた王守仁（一四七二～一五二八年）の号である。朱熹と呼ぶのに合わせるならば王守仁と呼ぶべきであるが、陽明学の名が一般的であるので、本書でも以下「陽明」と呼ぶことにする。

陽明が生きた明の時代、朱子学はすでに科挙と密接に結びつき、体制教学の地位を揺るぎないものにしていた。それゆえ、科挙をめざす士大夫（知識人）たちはだれしも幼いころより朱子学を学んだのであり、朱子学は当時の士大夫にとっての共通の教養、もしくは共通言語であった。とは言え、試験勉強の例にもれず、彼らがかならずしも朱子学の思想内容を十分に理解し、それに共感していたとは限らない。

陽明も、朱子学をその学問人生の出発点とした。ただ陽明が他の多くの士大夫たちと異なっていたのは、陽明は朱子学を真剣に理解しようと努め、それに基づいて実践しようと試みたというところである。陽明は朱子学の「格物窮理」を実践しようとしたのであった。

陽明は後年、みずからの若き日をふりかえって次のように語っている。

多くの人は「格物」は朱子の説に基づくべきだと言うだけで、実際にそれを実践してみたことがあっただろうか。私はかつて実際にそれを実践してみたのだ。若い頃、銭君という友人と、聖賢になるには天下のあらゆるものを窮めなければならないが、いまの自分たちにどうしてそんな大力量があるだろうか、と話し合った。そこで手始めに、庭の竹を指差してそれを窮めてみることにした。銭君は朝から晩まで竹の理を探究し思索を尽くしたが、三日たったところで神経をすり減らしておかしくなってしまった。そのとき私は、銭君の精神力が足らないのだと思っていた。そこで今度は自分が竹の理を探究しようと朝から晩まで考えてみたが、結局その理を得ることはできず、七日たったところでやはり神経をすり減らしておかしくなってしまった。こうして我々は互いに、聖賢というものはなれるものではないのだ、我々には「格物」を実践できるような大力量はないのだと嘆き合った。(『伝習録《でんしゅうろく》』巻下)

この「竹の理を窮める」というエピソードは、陽明が朱子学に疑問をもつようになったきっかけとしてよく知られているものだが、これを、陽明は朱熹の「格物窮理」を誤解していたと言うこともできなくはない。たしかに、朱熹のいう「格物窮理」は、ここに見える陽明の竹の前での悪戦苦闘とは似ても似つかぬものである。

いったい陽明は竹を見つめて何を考え、どういった状況を待っていたのであろうか。あるいは陽明は、竹の「理」を窮めることを通じて、みずからの心に何か啓示のようなものが訪れるのを待っていたのかもしれない。もちろんすでに述べたとおり、朱熹の「格物窮理」はそういったものではない。朱熹であれば、竹の「理」を窮めるとは、竹の性質や植生といった諸々の竹に関する知識を現実に即して実感的に知ることにすぎないのであって、竹の前で七日も呻吟することではない。しかし、そんなことをあげつらうよりは、ここでの陽明の主観に即して、陽明にとって何が問題であったかを考えてみたい。

龍場の大悟

上に引いた「格物窮理」の失敗談に続けて、陽明は次のように語っている。

その後、辺境の地に三年いたとき、大いに悟るところがあった。すなわち、天下のものは本来窮めるべきものなど何もないのだ、「格物」の実践はただただ自分自身の心の上で行うものなのだということがわかったのだ。このことにより、聖人をだれもが到達することのできるものとして、決然とそれをみずからの任務と考えるようになった。

陽明は三十五歳のとき政争に敗れ、辺境の地に流謫される。龍場《りゅうじょう》とよばれる僻地で、いまの貴州省貴陽の西北に位置する。この山に囲まれた少数民族の地での文字通り命がけの生活の中で、陽明はみずからの学問的立場を大転換させる。「龍場の大悟」と呼ばれるこの体験を経て、陽明はこれまで悩まされてきた朱子学との対決姿勢を鮮明にする。

この「天下のものは本来窮めるべきものなど何もない、格物の実践はただただ自分自身の心の上で行うものだ」という陽明の悟りは何を意味するのだろうか。陽明はまた次のようにも語っている。

聖人の道は自分自身の「性」にすべてそなわっている。このことを自覚すればよいのであって、これまで「理」を外側のものに求めたのは間違いであった。(『年譜』一)

陽明は、心の外の事物に「理」を求めることを否定し、「格物窮理」はみずからの心においてこそ行うべきだと言う。すなわち、朱子学においては心の外のあらゆる事物にそれぞれ個別にあるとされていた「理」は、すべてみずからの心の内にのみあるということである。陽明は次のように断言している。

何ものにも限定されず霊妙かつ明断なる心は、もろもろの理をそなえており、あらゆる物事は心から出来《しゅったい》する。心の外に理はなく、心の外に物事はない。(『伝習録』巻上)

心の外に理などない

「心の外に理はない、心の外に物事はない」とは何を意味するのであろうか。これが朱子学と対決するために叫ばれた言葉であることに注目してほしい。朱子学においても、心は「理」をそなえているとされ、それが人の価値であると同時に、あらゆる物事の「理」を知りうる根拠でもあった。しかし、朱子学では心の外のあらゆる物事にもそれぞれ「理」が想定されていた。そして、その「理」は本来的かつ理想的には心の自然な納得と合致するものであるとは言え、現実的には心とは別個に客観的に存在するものであった。このことを陽明は次のように批判している。

　朱子のいわゆる「格物」は、物に即してその「理」を窮めるというものだ。物に即して「理」を窮めるというのは、それぞれの事物の上でいわゆる「定理」を求めることだ。（『伝習録』巻中）

陽明が批判したのは、朱子学のいう「理」が自分の心とは別個にあらかじめ定まっているという事態であった。朱子学にしたがえば、人はすでに定まった「理」によって自分の心を規制することになってしまう。陽明に言わせれば、それは本末転倒であり、自分の心に先立って「理」はない、すなわち「心の外に理はない」のであった。

陽明のこの宣言に対しては、次のような疑問や反論が当然予想できよう。すなわち、「理」は個々人の主観に左右されるものではなく、客観的に厳然と存在するのではないか。心は「理」を知ることができるとは言え、何が正しいか、どうあるべきかといったことは、一つひとつ学び考えていかなければならないのではないか。それをみずからの心の内に求めるだけでは、ひとりよがりの思い込みに陥ってしまうのではないか。

こういった疑問や反論を、陽明は、朱子学的な常識に覆われているがゆえのものであるとする。陽明は、朱子学的な考えからなかなか抜け出せずにいる門人の徐愛《じょあい》の疑問に対して、次のように答えている。

徐愛「究極の正しさを心に求めるだけでは、天下の物事の理を尽くすことはできないのではないでしょうか。」

陽明「心が理なのだ。天下に心の外の事、心の外の理があるものか。」

徐愛「たとえば父に仕えるときの孝、君に仕えるときの忠、友と交わるときの信、民を治めるときの仁など、たくさんの理が現に存在します。それらはやはり考察しないわけにはいかないのではないでしょうか。」

陽明「そういった考えに人々が囚われてしまって久しい。どうしてひと言でわからせることができようか。いまとり合えず君の質問に即して言えば、父に仕えるときにまさか父の上に孝の理を求めることはあるまい。君に仕えるときにまさか君の上に忠の理を求めることはあるまい。友と交わったり民を治めたりするときにまさか友や民の上に信や仁の理を求めたりしないだろう。すべて（そういった理は）この心に在るのだ。心が理なのだ。この心が私欲に蔽われることとさえなければそれが天理なのであり、外側から何一つつけ加える必要はない。この天理に純粋な心が父に仕えるという場面に発揮されれば孝となり、君に仕える場面に発揮されれば忠となり、友と交わり民を治める場面に発揮されれば信や仁になるだけのこと、ただこの心において人欲を去り天理を存することに努力すればよいのだ。」（『伝習録』巻上）

この中で陽明が繰り返す「心が理なのだ」は、原文では「心即理」であり、これが朱子学に対抗する陽明学のスローガンなのであった。

心即理と性即理

陽明のいう「心即理」とは、「理」の根拠はみずからのこの心にあるという意味である。つまり、何が正しいのか、どうあるべきかといったこと、すなわち「理」は、みずからの心が決めるのであり、それ以外にいかなる外的な根拠もないということである。たとえば、子どもは「孝」でなければならないとあらかじめ定まっているから親に孝行するのではなく、子としての心を素直に発揮すればおのずと「孝」となるということだ。問題は、心をどれだけ純粋に保ち素直に発揮できるかということで、これが陽明のいう「天理に純粋な心」であった。

ところで、すでに触れたように、朱子学と陽明学の違いを説明しようとするとき、しばしば朱子学の「性即理」と陽明学の「心即理」が対比されることがある。すなわち、朱熹が心を「性」と「情」とに分け、そのうち「性」だけを「理」としたのに対し、陽明は改めて丸ごとの心を「理」としたのであり、そこに両者の違いが端的に示されているのであった。

ここでもう一度、朱熹が心を「性」と「情」とに分けた理由を思い出してほしい。それは、心が人にとって最も大切なものであり、本来的かつ理想的には心は善なるものであるとは言え、現実の心には常に不善の要素がつきまとう以上、それをそのまま丸ごと「理」の根拠とするわけにはいかなかったということである。朱熹に言わせれば、「心即理」と何の留保もなく言えるのは、聖人の境地だけであって、それを目指す途上においては、現実の心の動きを意味する「情」を排除した「性」だけに「理」を結びつけて語るしかなかったのである。

それに対して陽明は、心を「性」と「情」、すなわち理想と現実とに分けることを拒否する。そして、現実のこの心をそのまま理想の心とし、その丸ごとの心にすべての価値判断の権利を与えたのであった。朱熹が目標としてはるか先に掲げた聖人の「心即理」を、陽明はいまこの場のみずからの心において設定したのである。先に述べたとおり、朱子学の目標とした地点を陽明は出発点としたのであった。

しかし、朱熹が慎重に除外した「情」を含む現実の丸ごとの心にすべての権利を与えてしまうことに問題はないのであろうか。あらゆる物事の意味や価値、あるべきありかた、物事の正しさを、すべて心が決めるというのは、あまりにも危険ではないのか。心が望めば何をしてもよいのか、人は心に問いかけるだけで客観的な知識を学ぶ必要はないのか、陽明学は世の中の規範や秩序を無視し、好き放題を助長するものではないか……。こういった疑問や反論は、当然のことながら陽明学への批判として後を絶たないのであった。陽明に言わせれば、こうした疑問こそ朱子学的な発想に囚われているがゆえの愚問ということになるのであろうが、それでは陽明はどのようにこれらの疑問を論破するのであろうか。

不善・工夫を語る余地

繰り返しになるが、朱熹が「心即理」ではなく「性即理」としたのは、現実の心の中の不善の要素を無視できなかったからであった。人の心は、その本性は善であり「理」そのものであるが、肉体という容れ物の「気」の影響で現実には善不善入り交じったものであり、それを丸ごと「理」とすることはできなかったのである。それと同時に、この現実の不善の要素のある心をいかに本来の善なる「性」へと純化していくかというところに、人としての努力や向上心、すなわち「工夫」が成り立つのであり、人にとって重要な心とはむしろその「工夫」への主体的態度にほかならないというのが朱熹の思想であった。つまり、朱熹は「心即理」ではなく「性即理」を掲げることによって、不善を語り、「工夫」を語る余地を得たのであった。

これに対して、陽明の「心即理」は、原理的には不善と「工夫」を語ることができない。陽明にとって、現実のこの丸ごとの心が「理」である以上、そこに不善はあり得ないのであり、不善のないところに「工夫」の余地もない。いわば、聖人には不善はあり得ないし、「工夫」の必要もないということだ。それでは、陽明は、人はすべてすでに聖人であり、何の不善もなく、何の努力も要らないと言っているのであろうか。

陽明は、ある人の問いかけに次のように答えている。

ある人「人にはみなこの心があって、心はそのまま理なのであれば、どうして善を為す者と不善を為す者とがあるのでしょうか。」

陽明「悪人の心はその本来の姿を失っているのだ。」(『伝習録』巻上)

ここの陽明の答えは、一見すると朱子学と同じ理屈のように見える。本来の心は善であるが、人はときとしてそれを見失って悪人になるというのは、朱熹の論理と同じものだ。問題は、なぜ人はそれを見失ってしまうのか、どうすればそれを取り戻すことができるのかの説明の方にあるのであった。もう一度、先に引いた陽明の言葉を思い出してもらいたい。

心が理なのだ。この心が私欲に蔽われることさえなければそれが天理なのであり、外側から何一つつけ加える必要はない。(中略)ただこの心において人欲を去り天理を存することに努力すればよいのだ。

陽明が言いたかったのは、心は本来つねにすでに自足しており、外的な知識を積み重ねるまでもなく純然たる善であり、そのことを自覚さえすれば、そしてその自覚のもとみずからの心に問いかけさえすればよいということである。あえて言えば、陽明にとって、不善とはその自覚を見失うことなのであり、「工夫」とはその自覚をつねに呼び覚ましみずからの心に問いかけ続けることなのであった。陽明は不善と「工夫」を語らない。少なくとも、朱子学的な意味において不善と「工夫」を語らない。語る必要がないからだ。語る必要のないものを語って存在させてしまうことはないのだ。朱子学のように不善をあらかじめ警戒することによって存在させてしまうよりも、いまこの心の善を自覚することの方を陽明は選んだのであり、朱子学のようにみずからの不完全さの自覚を出発点とし「工夫」を語るよりも、みずからの完全さの自覚を出発点にすることを選んだのである。

とはいえ、それでもまだ先に示した陽明学への疑問が解けたわけではない。本当に、心がすべてを決めてよいのか。心が望むのならば何をしてもよいのか。心の欲する所に従って矩を踰えないのか。こう問いかけてしまう私たちは、まだ朱子学に囚われているのだろうか。

心が望めば

陽明学に対して繰り返されたこうした問いかけに、陽明はなかなか明確に答えてはいない。陽明の答えは、ともすると朱子学の論理に逆戻りしてしまっているかのようで、逆説的に朱子学の呪縛の強さを露呈している場合もある。しかし、陽明の言わんとするところを明確にするために、ここで少々極論を試みてみたい。

「心が望むのならば何をしてもよいのか」という問いに対して、陽明ならば「してもよい」と答えるであろう。ただし、「本当にそう望むならば」という条件がつく。自分の心に問いかけて、一分の後ろめたさもなく、一分の疚しさもなく、是非そうしたい、そうすることが嬉しくてならない、というほどであれば、何をしてもよいというのである。

しかし、ここで想像してみてほしい。もし人がそこまでみずからの心に問いかけたならば、人は果たして世間一般に不善とされていることを喜んでしたいと思うだろうか。人に後ろ指さされるようなことを嬉々としてしたいと望むだろうか。つまり、人は存外社会的な規範を意識しているものであり、それから外れることを心底望んだりはしないということである。まして、みずからの心が善であると自覚した人であればなおさらである。陽明はそのことを確信していたのであった。

とは言え、そこまで自分の心を徹底的につきつめること自体、そうそう容易なことではない。人はすぐ安易に流れて適当なところで妥協し、そうした自分を正当化しようとしてしまう。たとえば、そうすることが良いと内心気づいてはいるものの面倒くさいときは、そうしなくてもよい理屈を探す。また、そうしてはならないと知っていながらつい誘惑に負けそうになると、「少しくらいは」とか「誰も見ていないし」などと自分で自分に言い訳をする。それでも陽明の確信のとおり、心は存外正直なもので、そうした方が良かったことをしなかったことに疚しさを感じ、しない方が良かったことをしてしまったことに後悔する。

こうした心の中のギャップは、結果的に人を苦しめる。もし、そうした方が良いという判断とそうしたいという願望と、そして絶対にそうするという行動とのあいだに何のギャップもなかったならば、あるいはもしそうしてはならないという感覚とそうしたくないという思いと絶対にそうしないということとのあいだに何のギャップもなかったならば、人の心はどれだけストレスから解放されることか。こうした状況を陽明は「誠意」と呼ぶ。

誠意・致知・格物

「誠意」、すなわち「意を誠にする」は、すでに紹介した『大学』の八条目の一つである。「格物・致知・誠意・正心・修身・斉家・治国・平天下」の順に並ぶ八条のうち、「誠意」は「格物」「致知」に続く段階であるが、朱熹が「格物」「致知」に重点を置いたのに対して、陽明は「誠意」こそが肝要とする。

陽明は、朱熹が「格物」を「物に格《いた》る」と解釈し、外物の「理」を窮めることとしたことに反論し、「物を格《ただ》す」、すなわちみずからの心を尺度に外物を正すと解釈している。また、陽明は「致知」を「良知を致す」と解釈する。「良知」という言葉はもともと『孟子』というこれも四書の一つである書物に登場するもので、幼子でも親を慕うことを知るように、人が学ぶまでもなく考えるまでもなく生まれつき具えた知を意味している。陽明は「致知」をこの「良知」を十分に発揮することと解釈したのであり、これも朱子学のいう「致知」が外的な事物の「理」を窮めることを通じて「知」を発揮させるとしたことに対抗するものであった。

朱熹は『大学』の「誠意」を「心の動きを確実なものにし、何の不満もなく欺くところもないようにすること」と解釈している。朱熹においても、「誠意」とは、何かをしようとする心の動き、すなわち「意」が、そうすることに何のためらいや後ろめたさのない状態にすることを意味しているのであり、この点においては朱熹の解釈も陽明の解釈も大差はない。

ちなみに、「誠」という概念は、こうした心の動きのたしかさを意味するだけではなく、そもそも自然界をも含むこの世界のたしかさを表現するものであった。春の次には必ず夏が来るように、冬に枯れた樹木も春には必ずまた芽吹くように、太陽は必ず明日も東から昇るように、太古から未来永劫繰り返されるこの自然界の秩序のたしかさが「誠」なのであり、それと同様のたしかさを人間の行為や心の動きに求めたものが「誠意」なのであった。

ところで、『大学』という書物は、冒頭に八条目を掲げ、以下それに対応する各章から構成されているが、「誠意」に対応する第六章には、次のような比喩が用いられている。

いわゆる意を誠にするとは、自分自身を欺かないということ。ちょうど悪臭をにくむように、好色（美しいもの）を好むように。

悪臭は誰もが嫌がりおのずと顔をそむけるように、不善を嫌悪しておのずと決してそれを行わないこと、あるいは、美しいものは誰もが好みおのずとそれを欲するように、善を好んでおのずと進んでそれを行うこと、これが「誠意」なのであった。

この「悪臭をにくむように、好色を好むように」という比喩を用いて、陽明はさらに「知行合一」という、もう一つの陽明学のスローガンを説明している。

知行合一

「知行合一」は、陽明学を語るときには必ず言及される言葉であるが、その意味はしばしば誤解されてきた。いや、むしろ故意に曲解することで都合良く利用されてきたと言うべきかもしれない。「知行合一」とは、知ったことは行わなければならない、知っているだけで行わなければ知っていることにはならない、すなわち、行動に結びつかない知識は意味がない、という意味であるとされ、ある種の「行動主義」として受けてられることが多かった。こうした解釈がすべて誤りであるというわけではないし、陽明の主張をつきつめれば、知識偏重の朱子学の頭でっかちに対して、実践のともなわない知識を批判する意図がないわけではない。しかし、陽明のいう「知行合一」は、上に述べた「誠意」を表したものなのであった。

陽明の説明を見てみよう。

『大学』は真の「知」「行」の関係を示して「好色（美しいもの）を好むように、悪臭をにくむように」と言っているのだ。すなわち、美しいと知覚するのは「知」であり、それを好むのは「行」である。美しいと知覚したときにはすでにおのずとそれを好んでいるのであって、美しいと感じた後で別の心を立てて好むのではない。同様に、悪臭を知覚するのは「知」であり、それをにくむのは「行」である。臭いと感じたときにはすでにそれをにくんでいるのであって、臭いと感じた後で別の心を立ててにくむのではない。（中略）ある人が孝弟を知っていると言われる場合、その人が孝弟を行ってこそ孝弟を知っていると評されるのであって、まさか孝弟について語ることができるだけでその人が孝弟を知っているとは言えまい。（中略）こうしたことから考えれば、「知」と「行」はどうして分けられようか。これこそが「知」「行」の本来の姿なのだ（『伝習録』巻上）

陽明の言う「知」と「行」は、もちろん後半部分に見えるような知識と実践の意味を排除するものではない。しかし、陽明の主眼は、「悪臭をにくむように、好色を好むように」に見える知覚や認識と感情の動きや行動との不可分の関係なのであった。臭いという感覚が同時にそれを嫌がって思わず顔をそむけさせるように、美しいと感じた瞬間にそれを好んで思わずそれに近づこうとしてしまうように、不善に気づいた瞬間にそれを嫌がり決してそれを行わないこと、善だと思った瞬間にそれを好み思わずそれを行っていること、これこそが陽明のいう「知行合一」なのであり、それはそのまま「誠意」なのであった。

ちなみに、こうした「知」と「行」の関係についての議論も、実は朱子学に由来する。陽明から見れば、朱子学は「知先行後」、すなわち、まず知ってそれから行うというもので、結果的には「知」を偏重し、実践をともなわない口先だけの理屈屋ということになる。しかし、朱熹自身は、「知」と「行」についても前章で述べたように両者を分けた上でそのバランスをとろうと努めたのであった。ただ、これも前章で指摘したとおり、どちらか一方を選ばなければならないのであれば、朱熹は「知」を重視せざるを得なかったのも事実であり、それが陽明の見た朱子学者の姿であったのだ。

陽明学の「知行合一」を、実践主義・行動主義の表明として受けとめたのは、実は近代の日本人であった。「知行合一」と聞いて、とっさに江戸時代の「大塩平八郎の乱」や幕末の志士や三島由紀夫を思い浮かべた人がいたならば、それは明治以来の日本独自の陽明学の利用の為せる術である。このことについては、次章で改めて取り上げたい。

道行く人はみな聖人

さて、ここで改めて、朱子学に反旗を翻した陽明学に対する当初の疑問に立ち返りたい。すなわち、陽明は、朱熹が目標とした地点を出発点にしてどこへ行こうとしたのであろうか。朱熹が目標に掲げた地点とは、聖人の境地であった。では、陽明は、人は誰もがすでに聖人であると言っているのであろうか。いったい陽明にとって聖人とは何を意味したのであろうか。

陽明は次のように聖人を語っている。

聖人の聖人たるゆえんは、ただその心が天理に純粋で人欲の混じり気がないことにのみあるのであって、それはちょうど金の価値はその純度であり銅や鉛が混じっていないことにあるのと同じである。人は天理に純粋になってこそ聖人なのであり、金は純度が十分であってこそ価値があるのである。とは言え、聖人の才能や力量にはやはり大小があって同じではない。それはちょうど金の分量に軽重があるようなものである。たとえば尭・舜は一万鎰、文王《ぶんのう》・孔子は九千鎰、禹《う》・湯王《とうおう》・武王は七八千鎰、伯夷《はくい》・伊尹《いいん》は四五千鎰といった具合で、才能や力量は同じでなくとも、天理に純粋であるという点では同じであって、みな聖人と呼ぶことができる。(『伝習録』巻上)

重さではなく純度、量ではなく質、これが陽明の聖人観であった。我々は孔子と同じではない。それは重さや量が違うのだ。しかし、どれだけわずかの重さや量であっても、一粒の純金になることは自覚一つ、その点においては誰しも尭舜や孔子と遜色はない。つまり、陽明は、誰もが自覚一つで常にすでに聖人であると語っているのであった。

次の門人とのやりとりは、そのことが陽明門下では常識になっていたことを物語っている。

ある日、王汝止《おうじょし》(陽明の門人)が遊びに出かけ帰って来たところ、
陽明「何を見て来たのかね。」
王「道行く人がみな聖人であることを見て参りました。」

陽明「君は道行く人がみな聖人に見えたのかもしれないが、道行く人はみな君が聖人に見えたのだよ。」（『伝習録』巻下）

道行く人も聖人ならば、それを見ている君自身も聖人、陽明が冗談半分に語ったこの言葉は、考えてみれば、陽明の「心即理」の当然の帰結にほかならない。さらに言えば、これは儒教の「性善説」を純化したものとも言えるのかもしれない。しかし、逆に言えば、陽明にいたって、聖人はついに道行く万人のところまで価値を下落させてしまったということになる。聖人になってしまった我々は、どこへ向かえばよいのか。

聖人にならなかった朱熹と聖人になった陽明

すでに述べたように、儒教における聖人の意味を、文化の「作者」としての聖人から、孔子に象徴される人格の完成者としての聖人へと転換させたのは、朱子学の先駆たる北宋以来の道学であった。このことによって、聖人は、誰にでもその可能性が開けた存在となったのであり、儒教の「性善説」は万人に聖人到達の可能性があることを支える根拠となったのであった。

しかし、それはあくまでも可能性であって、現実には孔子を最後にだれひとり聖人となった者はいない。聖人到達の可能性を掲げた朱子学は、皮肉にも次の聖人の登場を不可能にしてしまったのである。というのも、朱子学にとって何よりも重要なことは、聖人到達の可能性を信じて一歩一歩着実にみずからの人格を向上させていくことそのものであったからで、到達を宣言し向上の余地を失うことは、朱子学にとっては何としても避けなければならないことであったのだ。

かくして、朱熹は聖人にはならなかった。それに対して、陽明は聖人になってしまったのである。朱子学であれば、そこから先はデッドエンドである。では、万人を道連れに聖人になってしまった陽明は、どこへ向かったのであろうか。朱熹ならば生きる余地がなくなってしまった地点から、陽明はどう生きたのか。だが、そもそも、どこかへ向かって行かなければ生きていけないとは限らない。陽明は、どこへも行かず、ここに生きたのかもしれないのだ。

可能性はあるがいまだ到達できない目標があるからこそ人は生き甲斐を感じて生きていけるのであり、自己向上の余地があるからこそ頑張れるという感覚は、私たちにもわかり易い。朱子学の魅力は、実はそういった人間の健気な実感に合致しているところにあるということもできるのかもしれない。

しかし同時に、そうした健気さだけで人は生きていけるわけではないことも、私たちの実感は知っている。目標が高すぎたり、可能性に不信を抱いたり、そしてそもそも常に頑張りつづけることに疲れてしまったり、つい怠け心が出てしまったり等々、朱子学的に生き続けることは決して楽なことではない。そうしたとき、人はつい別の声に耳を貸す。そのままでいいのだ、あるがままの自分で十分なのだ、という声である。そう言ってもらえたとき、人は心底ほっとし、いまここにいる自分に自信を取り戻す。ところが、それもつかの間、人はいずれまた性懲りもなく目標を探し、頑張る自分になろうとする。しかし、しばらくするとまた……。この繰り返しが、その後果てしなく繰り返される朱子学と陽明学とのあいだの議論なのであった。

陽明と陽明学

前章で、朱熹その人の思想と、後世のいわゆる朱子学とを区別すべきことを述べた。同様に、陽明その人の思想と、いわゆる陽明学と総称されるものとの間にもここで一線を引いておきたい。朱子学に疑義をつきつけることと、疑義をつきつけ続けて生きることとは同じではないからだ。それはちょうど、こうでなければならないという考えに苦しめられているときにあるがままでいいのだと言い出すことと、あるがままでいいとずっと生き続けることとが同じでないようなものである。

陽明の学派も、陽明が生きていた当時から、陽明学右派と陽明学左派と呼ばれる二つの方向に分かれていく。右派が比較的穏健派であるのに対して、左派は陽明の朱子学批判を極端なまでに推し進め、その結果陽明学に対する強い批判を煽り立てることになる。

陽明が朱子学に対抗して語った「心こそが理だ」あるいは「心の外に理はない」は、それを極論すれば、あらゆる既存の価値観や社会の常識にとらわれず、わが心の判断ですべての物事を正し、わが心の欲するがままに生きるということになる。もちろん、陽明自身には、既存の価値観や社会の常識に背くつもりなど毛頭なかったであろうし、すでに述べたように、むしろそういった社会の中に生きる人間の無意識の規範意識を信頼していたがゆえに、心に全権を委ねたのであった。

しかし、陽明の主張に感銘を受けた者たちの中には、自分が何ものにもとらわれずみずからの心の判断で生きているのだ、すなわち陽明の「心即理」を実践しているのだということを示すために、あえて既存の価値観や社会の常識を無視する者たちが登場する。これがいわゆる左派の面々であった。陽明が信じたように、心の欲求にとことん耳を傾けたならば、人は往々にして社会の既存の秩序に背くことを望んだりはしない。しかしそれでは、朱子学のように既存の秩序によってわが心を規制しているのか、わが心の欲求のままにふるまうことが結果的に既存の秩序に合致しているのか区別がつかない。左派の面々は、ときに世間から社会の秩序をないがしろにすると非難されるような過激な行動に走ることによって、陽明の「心即理」を実践してみせたのであった。

こうした左派の言動に対しては、言うまでもなく多くの強い非難が浴びせられる。朱子学サイドからの批判だけにとどまらず、社会一般の良識を自任する者たちからも、陽明学は社会的な規範や秩序をないがしろにし、みずからの欲求や欲望をむき出しにするものだという非難は後を絶たなかった。しかし、左派に対する非難は、結局は規範や秩序を尊重する朱子学への回帰とならざるを得ない。左派の極論に批判的であった陽明学右派の主張は、いつしか朱子学に似てきてしまうのであった。

ところが、こうした朱子学と陽明学との、規範か欲望か、「理」か「心」かの、果てしない主導権争いを尻目に、時代の方が徐々に変りつつあった。中国がいわゆる近代を迎える前夜のこの時代、陽明学左派にとってはあえて示しただけにすぎなかったかもしれない欲求や欲望重視の方向に、時代の方が進みつつあったのである。新しい時代の規範や秩序は、個々人の欲求や欲望を無視しては考えられなくなっていくのであった。

ここに中国思想史におけるいわゆる近代思惟の萌芽を読み取ることもできなくはない。しかし、この萌芽がその後どのような花を咲かせるに至ったかを見届けることはできなかった。中国はまもなく西洋文化の波に翻弄されることになるからであった。

陽明のバランス感覚

ところで、陽明学の分裂に対して、陽明自身はどのような立場にあったのであろうか。朱熹と同様、陽明は陽明なりのバランス感覚で、みずからの思想が招いた分裂を調停しようとしていたのであった。たとえば、右派と左派のどちらに軍配を上げるのかを迫られたとき、陽明は能力に劣る者には右派、才能に恵まれた者には左派と答えて、どちらか一方だけを選ぶことをよしとしていない。陽明にしてみれば、これは苦し紛れの折衷案であったのかもしれないが、右派にしろ左派にしろそもそもどうしてそんなふうに偏向してしまうのか、陽明の苦悩はそこにあったはずである。朱子学によって引き裂かれてしまったものをせっかく自分が一つにし直したにもかかわらず、またぞろ二つに分かれていくとは。陽明の闘うべき相手は、目の前の朱子学だけでなく、朱子学の問題領域に足を取られもがく陽明学の分派でもあったのだ。

そんな陽明が援軍として恃んだのは、ほかでもない朱熹その人であった。陽明は実に不思議な書物を編纂している。『朱子晩年定論』である。これは、陽明が、朱熹の言葉の中から自分の主張に近いものを選び出し、それらを朱熹の晩年の定論とすることで、朱熹は晩年自分と同じような考えに至ったが全面的に改正する前にこの世を去ったのだと主張した書物である。

この書物に対しては、当時からすでにそこに集められた朱熹の発言が必ずしも晩年のものではないという批判が多々寄せられている。しかし、そのような批判は陽明にとってはおり込み済みであったはずで、痛くもかゆくもなかったにちがいない。また、前章で見たとおり「ああ言えば、こう言う」朱熹であるから、言葉尻だけを追えば、陽明にとって都合のよい朱熹の発言が簡単に見出せるのと同じだけ、都合の悪い発言もあったはずで、このような書物を編纂することに何の意味があったのか、首をかしげたくならないでもない。

陽明はなぜこのような書物を編纂したのか。陽明は明言していないが、それはおそらく朱熹と朱子学とを区別することで、自分が批判しているのは朱子学であって朱熹ではないこと、朱熹の思想はむしろ自分と同じであるということを示すためであったと考えられる。では、なぜそんなことをする必要があったのか。陽明が朱熹の権威を借りて、みずからの正統性を示したかったからだけではあるまい。陽明が朱子学とは区別して朱熹に求めたもの、それは陽明学の分化に対するみずからの立ち位置であったのかもしれない。二項対立から最も自由でありえたのは、それを生み出した者だけだとしたら、新たな陽明学の二項対立から自由になるために、陽明は朱熹と同じ位置に立ち返る必要があったのである。

第九章　朱子学を学ぶと人柄が悪くなる？——日本の朱子学

ここで目を転じて、日本における朱子学について見てみよう。私たちの多くは、朱子学という名前を、日本の歴史を学んだときに初めて知ったはずである。日本人は、朱子学という外来思想をどのように受けとめたのであろうか。

朱子学への嫌悪感

江戸時代の儒者で、朱子学に批判的であった荻生徂徠《おぎゅうそらい》（一六六六〜一七二八年）に次のような言葉がある。

学問をすると人柄が悪くなることが多いのは、すべて朱子学流の理学の害である。（中略）（朱子学を学ぶと人のあらばかりを捜して）古今の間に気に入る人は一人もいなくなってしまう。（中略）天地も活物である。人も活物である。それを縄か何かで縛り上げるように杓子定規に見るのは、まことに役に立たない学問であり、ただ人の小利口を助長するばかりである。（『徂徠先生答問書』）

徂徠の見た朱子学者は、おのれに厳しく人にも厳しく、杓子定規で融通の利かない、実に嫌な人物であったらしい。

同じく朱子学に疑問を感じ、独自の儒教を追究した伊藤仁斎《いとうじんさい》（一六二七〜一七〇五年）にも次のような言葉が見える。

朱子学者たちは「たった一つの理の字でもって天下のあらゆることを尽すことができる」というが、天下に理のないものはないとは言え、理の字一つで天下のあらゆることを断定することはできないということがわかっていない。学者たちは理の字に拠って天下の物事の理を断定する。その議論はもっともらしく聞こえるが、実際に照らし合わせてみればすべてが当てはまるというわけにはいかない。（中略）およそ理だけに依拠して断定するときは、残酷で冷淡な心がまさって、寛容で暖かい心は少なくなる。（中略）（そういった人物は）おのれに対しても厳しいが、人を責めることも手厳しく、（そうした心根が）五臓六腑にしみわたり、骨の髄にまで浸透して、ついには残酷冷淡の輩《やから》となる。（『童子問』巻之中）

仁斎の憎んだ朱子学者像も、「理」を楯に人を責める、人情味を欠いた残忍冷酷の、嫌な人物であったらしい。

これはいったいどういうことなのであろうか。何よりも人格の向上を求めたはずの朱子学者が、よりにもよってその人格においてどうしてこんなに嫌われてしまったのであろうか。

「道学先生」像

江戸時代、朱子学者を揶揄して「道学先生」と呼ぶことがあった。「道学」とは、すでに述べたとおり、後に朱子学に集大成される北宋以来の学派を指すが、ここでは朱子学と同義と考えても差し支えない。「道学先生」は、頑固一徹、四角四面の道徳の権化で、おのれに厳しく融通が利かず、世間の常識や人情の機微にはとんと通じず、たいていは貧乏で、書物だけはたくさん読んでいるがちっとも役に立たず、それでもひたすら馬鹿真面目に学問に精進している、実にご立派な、見ようによっては実に滑稽な人物なのであった。

「道学先生」という呼びかたには、江戸時代の人たちの、朱子学に対する感情が絶妙に表現されている。それなりの敬意は感じつつ、それでも馬鹿にしつつ、憐れみさえ感じつつ、人々は市井の朱子学者を「道学先生」と呼んだのであった。しかしながら、これはむしろ学問に縁のない人たちの健全な常識感覚であって、同じ儒教という学問の世界に身をおく徂徠や仁斎にとって、朱子学者の嫌らしさは笑い飛ばしてすまされる問題ではなかったのである。

徂徠や仁斎の朱子学者に対する反感や嫌悪感には、具体的な対象があった。山崎闇斎《やまざきあんさい》（一六一六〜一六八二年）という狂信的朱子学者と、その学派の面々であった。「崎門《きもん》」と呼ばれるこの学派は、当時数多くの門人を抱え、なんと明治期までその命脈を保ったと言われている。とくに伊藤仁斎の塾は、京都の堀川で崎門の塾とごく近所であったのだ。

闇斎については「朱子を学んで謬《あやま》るは、朱子と共に謬るなり。何の遺憾かこれあらん（朱子を学んでまちがうならば、朱子と一緒にまちがうのだ、何の後悔があろうか）」の言葉が有名で、その狂信ぶりは、いつも朱色の手ぬぐいを腰に下げ、夏でも朱子の朱を慕って柿渋の羽織を着ていたというようなエピソードとともに、強い個性として語られることが多い。この闇斎率いる崎門の姿こそ、仁斎や徂徠の唾棄した朱子学者像であったのだ。

おのれのための朱子学

江戸時代の朱子学といえば、まずは徳川政権を支えたイデオロギーとして語られることが一般的である。林羅山《はやしらざん》（一五八三〜一六五七年）に代表される御用学問としての朱子学は、日本における朱子学のいわば表の顔であり、中国や朝鮮と同様に、朱子学は日本においても時の権威と結びついたものとして存在した。

しかしその反面、と言うよりはむしろそうであるがゆえに、もう一方で、権威や出世とは無縁の、おのれの人格形成のためだけの学問として、朱子学に魅せられた人々がいた。崎門に集った人々の多くもそれで、彼らはひたすら「おのれのための学問」として朱子学にのめり込んでいったのであった。

この「おのれのための学問」という言い方は、孔子が「昔の人はおのれのために学び、今の人は人のために学ぶ」と語った『論語』（憲問篇）の言葉に由来する。ここにいう「人のため」とは、他人の利益のためという意味ではなく、他人に誇示するためという意味で、孔子は、学問の本来の姿であるおのれの人格向上のために学んだ古《いにしえ》の人と対比して、今の人たちの学問を歎いているのであった。

崎門の朱子学は、この「おのれのため」をモットーに、すべての関心を自己修養の一点に集中させた。こうした、朱子学を学ぶというよりは朱子学を生きるといった方がふさわしい彼らが、ほかならぬその人格や人柄ゆえに仁斎や徂徠に反感を抱かせたというのは、皮肉というよりは何か別の理由を感じざるを得ない。

その理由を考えるために、もう少し崎門の朱子学の特徴を探ってみよう。

朱子の直弟子になる

これまで何度も引用した『朱子語類』は、朱熹の発言を門人たちが記録した語録であり、当時の口語の色彩を濃厚にとどめた文体が使われている。もちろん、言文一致などあり得ない時代の文献であるから、『朱子語類』の言葉がそのまま朱熹の発言の逐語的記録であるわけはないのだが、それでも『朱子語類』は、一般的には、朱熹と門人たちとのやりとりを臨場感をもって生き生きと伝える資料としてその価値が認められている。

崎門でも、同じ理由で『朱子語類』が重視された。『朱子語類』を読むことは、あたかも自分が朱熹の講義に同席しているかのように、朱熹の口吻に触れることができるものと考えられたのである。それだけでなく、彼らは『朱子語類』になぞらえて、当時の彼らの口語で講義録を作った。それはまるで、朱熹と門人たちとのやりとりを、闇斎と自分たちとのあいだで再現しようとしているかのようであった。

この『朱子語類』の中でも、崎門で特に重視されたのが「訓門人《くんもんじん》」という部分であった。「訓門人」に収められているのは、朱熹が個別の門人に対して、その能力や性格に応じて訓戒を与えた言葉で、『朱子語類』の中でもとりわけ朱熹門下の雰囲気や師としての朱熹の為人《ひととなり》を伝えるものなのであった。

崎門に連なるある朱子学者は、地元で長年にわたって「訓門人」の読書会を主催し、次のように語っている。

さて、いま学問をするのは何のためか。自分のよくないところをよくするためだ。そうであれば、我々はみな病人だ。持病のある者は、名医を恋しがる。いま自分をよいものにしたければ、朱子を恋しく思うはずだ。その気持ちで「訓門人」を読めば、それこそ千歳の奇遇、何とも折良く有り難く思わないはずはない。そこで「訓門人」の読み方だが、（中略）弟子たちの質問を自分の質問のように、朱子のお答えをいまここで実際に耳で聞いたことのように読まなければならない。そのように読んでこそ、誠に朱子の直弟子になれるのだ。（中略）

いま「訓門人」を読む者は、我が身を朱子の弟子に引き当てて読めば、自分は誰に似ているだの、彼はあれに似ているだのということがあろう。ふだんからそういうふうに読んでいれば、その自分に似た弟子を戒めた箇所を読めば、朱子のお答えがちょうど自分に的中し、朱子がよいように治療して下さるのだ。このように自分のこととして切実な気持ちで読まなければ、「訓門人」を読んだことにはならない。（稲葉黙斎「訓門人開巻講義」）

彼らは、あたかも自分が朱熹の直弟子になったかのように、朱熹の言葉を我が身に対する訓戒として読もうとしたのであった。こうした、いわば朱子学を我が身に血肉化しようとする彼らの姿も、まぎれもなく江戸時代の朱子学の一側面なのであった。

朱子学の土着化

崎門の朱子学の特徴は、朱子学を単なる知識として学ぶのではなく、朱熹の直弟子になったつもりで、いまここに生きる自分たちの自己修養の道しるべとして朱熹を慕い、朱熹とともに生きるという意識であった。彼らにおいては、朱子学が外来の思想であることも、儒教としての朱子学がもつより広範な守備範囲も、すべて捨象されている。これは、彼らが朱子学という外来の総合学問をより実感的に捉えようとした結果であり、いわば朱子学の土着化の一形態であったのかもしれないが、それは同時に朱子学の、あるいは儒教の矮小化でもあった。徂徠や仁斎が我慢ならなかったのは、この点であったのだ。

徂徠や仁斎が崎門の朱子学者を通して感じた反感や嫌悪感の理由には、もちろん現実の朱子学者たちの人柄や、彼らの杓子定規な態度がなかったわけではない。しかし、より根底にあったのは、すべての関心を自己修養に集約させてしまったこと、すなわち儒教を矮小化してしまったことへの反感であり、外来の思想である儒教をべったりと土着化してしまったことに対する嫌悪感であったのだ。

徂徠や仁斎にとっては、儒教は、我が身と我が身を取り囲む日本という現実とは一線を画する、より高尚かつ総合的な学問でなければならなかった。そして、そこにこそ、外来の思想としての儒教の価値があったのである。それなのに、崎門の朱子学者たちは、儒教を自分たちの生暖かい圏内に取り込み、朱子や孔子を自分たちの目の前に引きずり下ろし、自分たちだけが朱子や孔子の弟子であるかのような自負心をもって、集団的に酔いしれている。崎門が多くの門人を集め、明治期まで続く力をもち得たことは、その結社性の強さを物語るものであるが、外側から冷ややかに見る者たちにとっては、それは鼻持ちならない輩の集団でしかなかったのである。

こうした朱子学の土着化とそれが招いた朱子学への反感は、朱子学、あるいは儒教という外来思想を日本人がどのように受けとめたかという問題を考える上で、無視できない一つの側面であるのだが、今度はより広い観点から、朱子学と徳川社会とのあいだの問題点を整理してみたい。

日本の朱子学は本モノの朱子学か？

日本の文化を語るとき、何よりもまず指摘されるのは、日本が古代から様々な外来文化を受け入れてきたことである。そして、それら外来のものをどのようにアレンジしてきたかというところに日本文化の特徴を見出そうとする議論も少なくない。しかし、アレンジして出来たものがオリジナルと似ても似つかないものであったならば、そもそも日本はその外来の文化を受け入れたと言えるのであろうか。

あるいは、このような言い方がされることもある。日本はたしかに古来様々な外来文化を受け入れてきた。しかし、それが可能であったということは、逆説的に、日本にはたとえどのような外来のものを受け入れようともけっして変らない独自の文化の精髄があったということを証明しているのではないか。日本人が意識していなくとも、日本には何ものにもけっして犯されることのない不変の真髄があるからこそ、表面的には何ものに対しても驚くほど柔軟になり得たのではないか。

こういった日本の外来文化の受容をめぐる議論は、そのまま朱子学、あるいはより広く儒教の受容をめぐる問題にも当てはまる。日本人は本当に儒教を受け入れたのであろうか。江戸時代の朱子学は、本物の朱子学なのであろうか。日本という土壌において、儒教はどのように変化したのであろうか。朱子学は、結局、日本人に何をもたらしたのであろうか。

まずは、江戸時代における儒教が、いかに本場中国とは異なるかという点を見てみたい。その際、しばしば指摘されるのが次の三点である。一つは科挙の問題、二つは「三年の喪《も》」に代表される「礼」の問題、三つは「華夷《かい》」の弁別の問題である。以下、順を追って検討してみよう。

物読み坊主とエリート官僚

科挙と儒教（朱子学）が切っても切れない関係にあることはすでに述べたとおりである。それは、朱子学が科挙と結びつくことによって体制教学としての地位を揺るがないものにしたからというだけではない。科挙という文官の国家試験があることによって、儒者には社会の中の確固たる地位が与えられていたということである。中国や、同じく科挙を実施した朝鮮において、儒者は官僚あるいはその予備軍として存在した。めでたく科挙に合格すれば、エリート官僚として政治の表舞台で活躍することもできた。つまり、科挙の存在は、儒者に社会の指導的立場として生きる場所を保証していたのであった。

これに対し、徳川政権は、朱子学を公認しつつも、科挙を行わなかった。それは、当時の日本の支配層が武士であったからだ。「文武両道」という言葉があるが、本来儒教は徹底して「文」であって、「武」は蔑視している。ところが、江戸時代の日本において「武」を否定することなどできたはずはない。百歩譲って「文武両道」、すなわち武士のたしなみとして儒教を学ぶことを奨励するのが精一杯であったのだ。

では、江戸時代のいわゆる儒者は、どこで何を生業《なりわい》としていたのであろうか。林羅山の一族のように代々幕府に取り立てられた御用学者は例外である。また、先に紹介した山崎闇斎や荻生徂徠や伊藤仁斎などのような有名人は、塾を開くだけで相当数の門人を集めていたし、時の権力者とのつながりもなくはなかったから政治的な場とまったく無縁ではなかった。しかし、大多数を占める市井の儒者たちは、儒者であるということによって食べていけたわけではない。彼らの多くは、医業を兼ねたり、寺子屋を開いて読み書きを教えたりしながら生計を立てていた。そんな彼らは、当時の人たちから見れば「物読み坊主（難しい書物が読める坊主）」と変らない存在にすぎなかったのである。先に紹介した「道学先生」という呼び方にも、当時の市井の儒者の姿が映し出されている。

つまり、科挙のない日本において、儒者にはそれに対応した社会的な地位がなかったということである。一部の有力儒者が幕府の政治に関与したとしても、それはそれでどれだけ実質的な発言力があったは疑問視されることが多い。まして、大半の儒者にとっては、儒教を学ぶことは職業にすらなり得ないものであったのだ。

儒教は本来、社会の中で指導的な立場に立つことを前提とした学問である。孔子が、政治的な活躍の場を求めて失意の旅を続けたことを思い出してほしい。そうした儒教の精神を制度的に支えていたのが科挙であったのだ。その科挙のない日本社会において、儒教が果たした役割が中国や朝鮮とは異なっていたとしても何の不思議はない。

三年も喪に服するなんて

儒教には、けっして譲れない制度がある。「三年の喪」である。これは、親が死んだとき、子どもは足かけ三年にわたって喪に服するという制度で、この間は公的な仕事から身を引き、墓を守って最低限度の生活をしなければならない。中国においては、この「三年の喪」は社会的な通念になっていて、喪が明けないうちに復職したり、あるいは喪中に子どもを作ったりすれば、その人物は「不孝」として社会的な信用を失うのであった。

そもそも「三年の喪」は法で定められているのではない。これは儒教の重んじる「礼」であった。「礼」とは、たとえば冠婚葬祭の儀礼のように、それぞれの場面にそれぞれの立場の人間がどのようにふるまうべきかを定めたもので、幅広く人間社会におけるマナーやルールを意味している。儒教は、法による秩序ではなく、「礼」による秩序こそが人間社会を美しく洗練されたものにし、その社会を構成する人たちの調和をもたらすと考えていたのである。

しかし、「礼」は形をともなうものであるから、時代とともに、あるいは場所によって、その実施が困難になりやすい。さらにいえば、形を固持することがかえってその場の調和を乱すとしたら、そもそも「礼」の精神に反してしまう。したがって、「礼」の実施については、後世の儒教も柔軟にならざるを得ないのであるが、それでもたとえどのような時代であろうとも、どのような土地であろうともけっして変えてはいけない「礼」として、「三年の喪」があるのであった。

この「三年の喪」を、日本は採用しなかった。喪に服するという発想が日本人になかったわけではない。今でも「喪中」といって一年間は慶事を遠慮したりする。しかし、日本人にとっては、三年は長すぎたのであり、まして三年も職場から身を引くことなど、現実的ではなかったのだ。日本人にしてみれば、親の死を悼む気持ちに変わりがないのだから、三年を一年にしてもよかったのであり、むしろ悲しみに耐えて仕事に励むことは褒められこそすれ非難されることではないと思ったのである。

しかし、儒教において「三年の喪」は絶対であった。ほかの「礼」であるならば、多少の変化は許容されたかもしれない。しかし、親の死にあたってのこの「礼」だけは、三年という具体的な数字の妥当性を云々することすら許さないほど、特別であったのだ。それは儒教において「孝」が絶対であったからである。「孝」は様々な徳目の一つではない。ときには善悪是非をすら超えたところに儒教のいう「孝」はあったのだ。

ところが、日本人にとっては、「孝」は大切にすべきものであったとしても、あくまでも「忠」や「義」や「仁」といった徳目のうちの一つにすぎない。一般に、日本人は「孝」よりも「忠」を選ぶ傾向があるということが言われるが、中国においては、「孝」は何かと比較できるようなものではなかったのである。

こうした観点から言えば、「三年の喪」を行わなかった日本の儒教など、儒教とは呼べないと言うこともできるのであった。

「三年の喪」に限らず、徳川時代の日本人は、儒教の「礼」を当時の事情や都合に合わせて大幅に改めたり省いたりしている。そして、それを正当化する議論までさかんに行っている。この点において、本場中国以上に「礼」を忠実に実施し、それによって「小中華」を誇った朝鮮の儒教とは、大きく異なっているのであった。

日本が中国だ

元の時代に朱子学が国教化されたことを述べた際に言及したように、「華夷」の弁別にうるさい朱子学は、皮肉なことに「夷」の国で歓迎された。世界の中心の文化の華である「中華」を誇る漢民族ではない夷狄の日本人は、儒教のもつこの民族主義をどのように受けとめたのであろうか。
「中国」という名称は、現在ではわが隣国のかの大国を指す固有名詞であるが、もともとは「この世界の中心の国」というほどの一般名詞であった。考えてみればずいぶん尊大な固有名詞であるが、それだけかの国が果たしてきた文化的な役割が大きかったということであろう。一般名詞がそのまま固有名詞たり得た中国に対して、周辺の小国にすぎない日本は、ここで大きく反論に出る。すなわち、日本こそが中国だ、という主張である。

儒教の原理原則に立ち返れば、中華あるいは中国とは、民族ではなく、地理的な位置でもなく、ましてや国土の大小でもなく、ほかならぬ文化の有無によって定義されるものであったはずだ。つまり、儒教は民族主義あるいは血統主義ではなく、あくまでも文化主義なのであり、儒教文化がある国が中国、ない国が夷狄、これが孔子以来の儒教の原則論であった。そういう意味で、先に触れたように、本国以上に儒教の「礼」を忠実に守った朝鮮が「小中華」を誇ったのもうなずける。

しかし、すでに紹介したとおり、日本は朝鮮ほど儒教の優等生ではなかった。ここにおいて、日本の儒者たちは、さらに一歩原則論に立ち返る。すなわち、儒教において最も大切なものは、形式としての「礼」ではなく、その精神であり、つまるところその国がいかに平和に治まり人心が穏やかであるかということだ。この観点に立って歴史の事実を見るならば、日本こそが中国と呼ぶにふさわしい国なのだ。

こう主張するとき、日本人には強力な根拠があった。皇室の万世一系である。中国の歴史を振り返ってみてほしい。古来どれだけの王朝が入れ替わってきたことか。それに引きかえ日本の歴史には、古代より万世一系の皇室が、一度も途切れることなく、何ものに犯されることもなく連綿と続いているという紛れもない事実があるではないか。これは日本が他にすぐれて平和で穏やかな国であることの何よりの証しではないのか。日本は儒教を生み出した国ではないが、言挙《こと》げせずとも儒教の精神が実現した国なのである。これを中国と呼ばすして、何の儒教か。

朱子学の有用性

以上のようないくつかの点から、結局のところ日本人は儒教あるいは朱子学を本当の意味では受け入れなかったのだ、と結論づけることもできなくはない。日本の儒教はマガイモノであり、江戸時代の朱子学は本物の朱子学ではないと言うことにも、それなりの論拠を示すことはできるだろう。しかし、マガイモノはマガイモノなりに、必要があって生まれたのであり、本物まがいの朱子学にも役に立つところはあったのである。

そもそも朱子学という外来思想が、まがりなりにもその名のままに徳川社会に存在したということは、どんなものでも自家薬籠のうちに取り入れて都合よくアレンジする日本という土壌の為せる術というだけでなく、朱子学の方にもそれを可能にするものがあったのである。それは、朱子学のもつ議論の抽象性であり、概念の普遍性であった。

朱子学が江戸時代の日本人に与えたものは、ひと言でいえば「思想」であった。そう言うと、まるでそれ以前の日本人には「思想」がなかったかのように聞こえてしまうかもしれないが、ここにいう「思想」とは、単に物事を考えることではなく、物事を筋道を通して説明しようとし、考えたり感じたりしたことの正当性を表明すること、というほどの意味である。

朱子学を特徴づける「理」という概念を思い出してほしい。「理」とは、物事の意味であり、価値であり、正しさであり、あるべきありかたであった。「理」はあらゆる物事にそれぞれかならず存在するが、しかし何が「理」であるのかはその都度の説得力の問題であった。いわば、「理」とは、その中に何を入れることも可能であり、そこへ入れればかならず「正しい」答えが導き出せる、空《から》の箱のようなものなのだ。この箱の中に、日本人は様々な日本独自の問題を放り込み、そして「正しい」答えを得ようとしたのであった。

朱子学の用いる概念や議論の枠組みは、それ自体きわめて抽象度の高いものであったから、日本の江戸時代のどのような具体的事象でも、その用語や枠組みを用いて、それこそ合理的に、説明することが可能であった。また、先に紹介した万世一系ゆえの日本＝中国論のように、朱子学の示す普遍性に照らし合わせることによって、日本人は逆に日本の独自性や特殊性を自覚することができたのであった。

つまり、何かを説明し、その正しさを主張したいとき、朱子学は便利なものであったのだ。いや、そもそも、何かを説明し、その正しさを主張したいと思うことそのものが朱子学の最大の影響であったと言うべきかもしれない。三たび引くが、本居宣長の「これは漢意ではない、当たり前の道理だ、などと思うことがまさに漢意から離れがたくなってしまっているのである」という言葉は、朱子学が日本人に与えたものを最も正確に見抜いていたのである。

武士道と朱子学

江戸時代、朱子学を用いてその正当性を説明した例として、武士道をめぐる議論を紹介しよう。正確には、武士道ではなく「士道」であるのだが、まずはその違いを明らかにすることから始めたい。

武士道と言うとき、実はいくつかの要素が混同されていることが多い。大きく分ければ、一つは武士その人たちの思想や信条、もう一つは明治になって東洋精神の精華として見出された思想や信条であり、前者の中にさらにいわゆる武士道と士道の違いがある。ちなみに、武士道といえば新渡戸稲造《にとべいなぞう》（一八六二〜一九三三年）の『武士道』が有名であるが、この書の副題が『The Soul of Japan』であることからもわかるように、明治という武士のいなくなった時代に、西洋人に向けて書かれたこの書に見える武士道は、後者、すなわち明治の武士道の典型の一つであった。

さて、武士の思想信条を語るとき、江戸時代の武士たちがきわめて特殊な状況にあったことに注目しなければならない。すなわち、戦国時代の武士とは異なり、江戸時代の武士には「武」の第一義である生死をかけた戦闘という場がなかったということである。腰には相変わらず武器を下げてはいたものの、それを抜く機会すら大半の武士たちの日常においてはなかったのだ。こうした太平の世において、武士はみずからの存在意義を何に見出せばよかったのであろうか。ここに登場するのが、「士道」論と呼ばれる、儒教を用いた武士の思想であった。武士道の「武」の字がとれて「士道」と呼ばれていることが象徴するように、「士道」論とは、上に立つ指導者として武士がいかにあるべきかを論じたもので、それこそ儒教の最も得意とするところであった。

これに対して、現実には戦闘の場面はなくとも、武士たるもの、いついかなるときも刀を抜いて斬り合う覚悟がなくてはならない、命を惜しむような腰抜けに成り下がってはならない、というような「武」の思想もあった。ただし、それは、現実にそうした生死を賭けた場面がほぼあり得ない中での話であって、それゆえむしろ幻想として誇大に強調されていた感が否めない。「武士道とは死ぬことと見つけたり」の言葉が有名な『葉隠《はがくれ》』などは、その極端な一例であろう。『葉隠』の次の言葉は、むしろ江戸時代の武士の一般的な思想が、儒教の理屈によって正当化されていたことを示している。

忠だの不忠だの、義だの不義だの、おつとめだの何だのと、理非邪正のあたりに心がいくのが嫌らしい。無理無体に奉公が好きで、無二無三（ひたすら一筋に）に主人を大切に思えばそれですむことである。（中略）理の見える人は、おそらく些細なところで躊躇し、一生をむだに暮らすもの、残念なことである。まことにわずかな一生である。ただただ無二無三がよいのだ。二つに分かれるのが嫌らしい。万事を捨てて、奉公ざんまいこそが一番だ。忠だの、義だのという理屈が出て来るのが返す返すも嫌らしい。（『葉隠』巻一・一九五条）

ちなみに、武士のいなくなったはずの明治期の武士道とは、日本にとって初めての国軍となる大日本帝国軍における軍人精神であり、富国強兵に走る明治期の国民道徳にほかならない。つまり、それまでの日本には、各藩ごとの、ある意味私的な主従関係しか存在しなかったものを、明治になって忠誠の対象を天皇に一本化しなければならなかったというわけである。そのとき、多くの元武士たちになじみ深い武士道が呼び戻されたのであった。そして、今度は実際の戦闘が伴う明治の武士道には、国民道徳としての「士道」論とともに、主君のために命を捨てて闘う武士の精神としての武士道も色濃く反映しているのであった。

武士道にかぎらず、朱子学は、むしろ明治期においてさかんに活用されたと言われることがある。「教育勅語」や「軍人勅諭」に、少なくとも用語の面だけから言っても、儒教道徳の色が濃厚であることはしばしば指摘されるところである。つまり、天皇中心の強い近代国家を作ろうとしていたあの時代、日本人には「思想」が必要であったということだ。とは言え、日本人が「思想」を持つとロクなことがないということも、その後の歴史が証明している。

陽明学の有用性

朱子学だけでなく、陽明学も、日本では特別の活用のされ方をしている。日本における陽明学を語る場合も、やはり江戸時代と明治以降とを分けて考えなければならない。

江戸時代の陽明学については、幕末のある儒者の次の言葉が言い得て妙、と言えよう。

（朱子学と陽明学の関係を）龍の絵にたとえるならば、朱子は龍のすべてを、鱗一つ爪一つに至るまで漏らすことなく描いているが、残念なことにその龍の眼は生きていない。陽明が現われて、何気なく筆で眼に一点を加えたところ、龍は生き生きと躍動感にあふれ出したのであった。陽明の功績はここにあるのであって、朱子の描いた龍を抹殺するものではない。（佐藤一斎『伝習録欄外書』）

朱子学と陽明学とは対立するものではなく、陽明学はむしろ朱子学を生かすものであるというこの言葉は、当時、陽明学がどのようにとらえられていたかを物語っている。つまり、江戸時代において、多くの儒者たちにとっては、朱子学と陽明学とは同じようなものであり、ただお堅いイメージの朱子学よりは、陽明学の方がおおらかで自由なものとされていた程度の区別にすぎなかったのである。したがって、江戸時代の儒者を、朱子学者と陽明学者とに割り振って整理することにも慎重でなければならない。陽明学者に数えられる儒者の多くには、反朱子学の自覚がなく、いわば朱王折衷が一般的であったからだ。

このように、日本の陽明学に中国ほどの反朱子学意識がないことの理由の一つには、次のような事情が考えられる。すなわち、中国では、まず朱子学があって、その後にそれに対する批判から陽明学が生まれたという歴史的流れがあった。ところが、江戸時代はすでに陽明学が生まれた後の時代であったから、朱子学と陽明学は、本来の時間差を夾むことなく、同時に日本に伝来した。江戸時代の儒者たちは、朱子学と陽明学とを同時に並べて、適宜取捨選択することができたということである。

日本における陽明学の最大の特色は、むしろ明治以降に見られる。陽明学の特色というよりは、陽明学の特色ある用い方、あるいは近代日本が見出した陽明学というべきかもしれない。

日本の歴史において、陽明学者あるいは陽明学シンパと目されている人物にはある共通の傾向がある。すなわち、おのれの損得を顧みず、ことの成否を謀らず、やむにやまれぬ思いから危険を承知で飛び込んでいく、そして大抵は悲劇的な最期を迎える。大塩平八郎しかり、幕末の志士しかり、これこそ陽明学の「知行合一」、というようなイメージが、明治以降、もしかしたら今日に至るまで、多くの日本人にすり込まれている。たしかに、彼らが陽明の書を好んで読んでいたらしき形跡はある。しかし、彼らは陽明学を学び、それに基づいて行動したがために、非業の死を遂げたわけではない。それなのに、なぜ彼らは陽明学者にされてしまったのか。それには、明治期の別の思惑が作用しているのであった。

明治のはじめ、欧米の先進文明に圧倒され、必死の思いでそれに追いつこうとしていた日本人も、しばらくすると、ふと考えた。欧米人がこれまで生み出してきたものはたしかにすばらしいが、現実の欧米人たちの体《てい》たらくはどうだ。物質文明はすぐれていても、その精神性たるや実にお粗末なものではないか。その程度の精神文化であれば、東洋は、日本はけっして負けはしない。これがいわゆる「和魂洋才《わこんようさい》」の主張であるが、そのとき、欧米に負けないものとして高々と持ち上げられた「和魂」の一つに、陽明学があったのだ。

冷静に考えてみれば、中国由来の陽明学を「和魂」とするのもおかしな話だが、対欧米となると、陽明学も日本人の魂の精髄となってしまうのであった。では、どのような魂として陽明学が称揚されたかと言えば、それが先に述べた「おのれの損得顧みず……」の型の陽明学であった。明治のある時期、それはちょうど日本がそれまでの欧化政策や富国強兵政策の成果にやや自信を持ち始め、欧米の現実も見え始めたころであるが、日本人は陽明学的精神を以て東洋文化の精華とし、その実例を挙げるために、日本史の中のある傾向をもった人物に陽明学者の名を与えていったのである。大塩平八郎が陽明学者となり、吉田松陰が陽明学のシンパとなったのはこのときであったのだ。

日本の無思想と朱子学

日本人について、「無思想」ということが言われることがある。「無」の思想という意味ではなく、思想が無いということ、あえて言えば「無思想」という思想ということである。繰り返すが、ここにいう「思想」とは、何かを考えることそのことではなく、その考え方の根拠になるもの、あるいはその考え方の正当性を支えるものであり、それに基づいて行動するところの原理であり、何よりもそれに対して自覚的であるとき、ここではそれを「思想」と呼んでいる。つまり、「思想が無い」とは、一定の主義や原理に自覚的に基づいて生きることをしないという意味である。

すべての日本人がそうであるわけではないし、また時代状況によってもその度合いは変わるのだが、少なくとも他の国の人たちに比べて、日本人は一般に「思想」をふりかざすことを好まない。「思想」はみずからの正当性を主張するものであるから、「有思想」の人同士の対話は、対話というよりは行き着くところ戦いとならざるを得ないのであるが、日本人は往々にして他人との対立を嫌い、適当なところで曖昧に落とし所を見つけたがる傾向がある。

こうした日本人の「無思想」ぶりは、先に述べた江戸時代の朱子学に対する反応の中にも見て取ることができる。「理」を振りかざす朱子学者を嫌う日本人の感覚には、日本人の「思想」嫌いが見え隠れしているのだ。

ただ、市井の人たちが朱子学者を「道学先生」と呼んで揶揄することと、反朱子学者たちが正面切って朱子学と対決することとは同じではない。朱子学を批判しようとすれば、それはもう一つの「思想」とならざるを得ないからである。朱子学の内容以上に、それが「思想」であることそのものに反発した日本人も、その反発や嫌悪感を表明するためには「思想」を必要としたということだ。この「思想」の自縄自縛もまた、朱子学が日本人に与えたものなのであった。むしろ、「道学先生」という絶妙の表現で朱子学者を笑い飛ばした市井の人たちの方が、「思想」たることを免れていたのであり、そこにこそ日本人の特徴を見るべきかもしれない。

「無思想」を生きることは、けっして楽なことではない。「有思想」であれば、おのれの「思想」を脳天気に正しいと信じながら生きることもできるが、「無思想」にはそのようなお気楽な確信はないからだ。また、「有思想」であれば、おのれの絶対とする「思想」に対して逃れようのない責任を負うが、「無思想」はともすると無責任な相対主義に陥る危険が常につきまとう。日本人は、朱子学という「思想」を、江戸時代そして明治時代に「思想」として活用したが、その責任を最後まで全うすの「無思想」ることなく、いつの間にか別の「思想」に乗り換えてしまった。この無責任さは日本人の本性であろうが、せめてそのことを自覚しておかなければ、朱子学の亡霊が思わぬところで日本人の新しい「思想」を脅かすことにもなりかねないのである。

第十章　朱子は君子か？——朱熹の人物像

最後に、朱子学の祖たる朱熹その人の人物像に迫りたい。何といっても、その名を冠する思想体系である。朱熹とはいったいどのような人物であったのだろうか。

困ったヤツ

第五章で登場した朱熹の親友の張栻《ちょうしょく》は、朱熹に次のような手紙を書いている。

こちらに来る者の多くが、会合の席上、あなたが酔いに任せておおいに気を吐き、悲憤慷慨したと申しております。そういったことは、あなたの昔からのよくない性質が克服されていない証拠、小さな欠点とは申せません。前に差し上げた手紙にもいささかそのことを申し述べました。（中略）あなたの学問は衆人の尊敬するところですから、あなたには目の前の多くの人が自分より劣った者に見え、ふだんは相手を教え諭すばかりで、相手がまちがっていて自分が正しいと感じることばかりでしょう。しかも、相手は、あなたの議論があまりに強硬で、自分と違う考えを排斥することがあまりにも手厳しいことを憚り、たとえ疑問があっても敢えてそれを口にしなくなってしまいます。私が深く懸念しているのは、それではあなたにおもねる者ばかりになって、あなたの説を批判する者が少なくなってしまい、万一あなたに誤りがあってもそのことに気づかないようになってしまうことです。そんなふうでは、先々悪影響が出かねません。(『南軒集』巻二〇)

あなたが共甫《きょうほ》(朱熹の門人)に与えた書簡を見ますに、まるで相手をはなから疑ってかかり、相手の意見を寛容に受けとめる気持ちに欠ける語気で、ほとんど怒髪天を衝く勢いです。(同右)

親友ならではの忌憚ない苦言と言えようが、ここに見える朱熹の人物像は、穏やかな人格者とはほど遠いものである。朱熹は短気で怒りっぽく、怒ると相手を痛烈に批判し、しかもそれが執拗なまでにしつこかったというのは、朱熹をめぐる様々な人たちに共通の評価であったらしい。もちろん朱熹も、張栻らの率直な忠告にしたがい、多少は努力したようではある。同じく張栻は、このようにも書き送っている。

私がつねづね憂慮していたあなたのあまりに激しすぎるご気性も、いまは穏やかになられた様子、矯正のご努力の結果とお見受けします。(『南軒集』巻二一)

とはいえ、もって生まれた性格はそうそう変わらないもの、朱熹の気性の激しさや、その粘着質の性格は、第七章で触れたように、朱熹が体制側から煙たがれたことの一因にもなっていた。

ちなみに、朱熹は、張栻を次のように評している。

張栻は聡明であるから、人がみな自分と同じようだと思ってしまい、ある事柄を話していたかと思うと、相手が理解したかどうかお構いなく、すぐに別の事柄を語ることに夢中になってしまう。その結果、彼のところの門人は、機敏な者は彼の議論のしかたを真似るだけだし、資質の劣った者はいつまでたっても何から手を着ければよいのかさえわからない始末だ。私は愚鈍な性質《たち》なので、経書を解釈するにも本当に苦しみに苦しみ抜く。だから、ふだん人と話すときでも、敢えて（張栻のような）高遠な議論はしないのだ。（『朱子語類』巻一〇三）

朱熹は朱熹で、張栻の為人にはひと言あったようである。早くに父親を亡くし苦学した朱熹が、名門出の秀才である張栻の、聡明であるがゆえの欠点と対比して、自虐的に下した自己評価にも、朱熹の自負と為人が映し出されている。

つまり、聖人を目指し人格の向上に努めた朱子学の祖の朱熹は、一人の人間としては、実に個性あふれる未熟者、困ったヤツであったのだ。

宿命のライバル

朱熹の性格が災いしたのは、朱熹の学派が「偽学」の烙印を押されたことだけではない。朱熹が学問上のライバルたちと論争した際にも、その気性の激しさと執拗な追求が、ライバルたちをうんざりさせ、議論を不毛なものにしてしまったことも少なくなかった。その一例として、朱熹と陸九淵《りくきゅうえん》（号は象山《しょうざん》、一一三九〜一一九二年）の論争、いわゆる「朱陸論争」を紹介しよう。

一般に、陸九淵の思想は、後の陽明学に通じるものがあるとされ、「陸王の学」と並び称されることもあるが、陸九淵の思想と陽明学とを同一視することはできない。陽明学は朱子学を批判したものであり、陽明には朱子学から朱熹を救い出そうとする意図すらあったのに対し、陸九淵の論敵はあくまで朱熹という一人の人間にほかならなかったのだ。陸九淵は同時代人として、朱熹と直接やり合ったのである。朱陸の論争には、後の朱子学対陽明学の構図につながるものも見てとれるが、それ以上に、朱熹という人の性格がよく表れているのであった。

朱陸論争の具体的な論点については、ここでは敢えて触れない。それよりも、両者が議論の中で応酬した相手への非難に、両者の学問の違いが如実に表れている。朱熹は陸九淵を「狂禅《きょうぜん》」と罵り、陸九淵は朱熹を「支離《しり》」と非難したのであった。

「狂禅」、あるいは単に「禅」という批判は、相手が仏教の禅まがいの過ちを犯していると罵るもので、当時の儒者にとって最大の貶し言葉であった。朱熹は、色々な場面で陸九淵を「禅」だと批判している。

陸九淵は禅まがいだが、彼は策略にたけているので、そのことを言ったり言わなかったりして巧みに隠している。（『朱子語類』巻一二四）

陸九淵の学問はまぎれもなく禅だ。張栻や呂祖謙《りょそけん》（朱熹の友人）は仏教書を読んだことがないから見破ることができないが、私の目だけはごまかせない。（『朱子語類』巻一二四）

朱熹が「禅」という言葉で非難した陸九淵の学問とは、朱熹から見れば、地道で段階的な読書や学問を軽視し、あたかも禅の頓悟のように、一足飛びに悟りの境地に至ろうとするものなのであった。このことは、陸九淵が朱熹に与えた「支離」という非難からもうかがわれる。「支離」とは、逆に、些末なあれこれにこだわりすぎて、大切なものを見失っているという非難なのであり、陸九淵から見れば、朱熹の学問は読書に埋没して本質を見失ったものと映っていたのであった。

実は、朱熹と陸九淵は始終いがみ合っていたわけではなく、両者の間には交流もあり、門人たちの行き来も頻繁であった。朱熹は、張栻への書簡の中で、陸九淵とその兄をこう評している。

陸氏兄弟は気象はとてもよいのですが、その欠点はむしろ地道な学問を廃して、もっぱら実践に努め、実践の中で人に覚醒を促し、本来の心を悟らせようとすることです。これは大きな欠点です。しかし、全体としては、彼ら兄弟は、みずからを厳しく律し、表裏なく、まことに人並み以上のところがあります。惜しむらくは、みずからを恃《たの》むことが甚だしく、度量が狭く、他人のよいところを受け入れようとしないため、自分たちが異学に流れようとしていることに気がつかないのです。

（『朱子文集』巻三二）

「みずから恃むことが甚だしく、度量が狭く、他人のよいところを受け入れようとしない」という言葉は、おそらく陸九淵がそっくりそのまま朱熹に返したいものであろうが、朱熹は朱熹なりに陸九淵の「気象」を認めていたのであった。ただ、その「学問」すなわち「工夫」に対する不満は、朱熹をして激しい陸九淵批判に駆り立てずにはおかなかったのである。

そんな朱熹でも、この人の前ではひたすら謙虚になる人物がいた。孔子である。

永遠のアイドル

孔子ほど嫌われにくい人はいない。儒教など忘れ去られたはずの今日でも、書店には実におびただしい数の『論語』に関する書物が並ぶ。『論語』の孔子の言葉は、時を超え所を超えて読み継がれているのであり、孔子はいわば中国が生んだ最大の文化遺産であり、永遠のアイドルなのである。

儒教を毛嫌いした国学者の本居宣長は、儒教の「聖人」を、人の国を簒奪しそれを守らんがために善政を敷いた、智略に富んだ簒奪者とし、その人柄の良さも、奪った国を失わないための策略だと批判している。宣長にかかっては聖人もかたなしであるが、その宣長さえ、孔子については次のような和歌を残している。

せい人と人はいへとも聖人のたくひならめや孔子はよき人（聖人だと人は言うけれど、聖人の仲間であろうか、孔子は良い人だ）（『鈴屋集』九）

この孔子に対しては、さしもの朱熹もさながら全面恭順の態《てい》で、朱熹にとっても孔子は永遠のアイドルであった。特に朱熹は、教育者としての孔子の姿を絶賛する。孟子という、「性善」説で有名なもう一人の儒教の旗手と比較しても、孔子は別格であったのだ。

孔子は人を教えるのに適当なところから始め、人にそこから実践させていった。人は久しくそうしていれば、自然とより高度な道理がわかるのである。たとえば、「家にいるときは恭しく、事を行うときは慎重に、人と接するときは誠実に」というだけで、その中に本質的な意味を含ませ、それを人にみずから求めさせたのだ。（中略）孟子は初めから最後まで一挙に全部挙げて、先に心や性というものの意味をきちんと理解させた上で、それから実践させた。「性善」ということをずばりと指摘してしまっていて、もはや聖人らしくなくなってしまった。（『朱子語類』巻一九）

今日でも『論語』が読まれ続けている理由の一つは、孔子のいわゆる人間臭さにあると言うことができよう。第一章で紹介した通り、『論語』に見えるのは、人に認められ活躍の場がほしくて仕方がない孔子の姿であり、それがかなわず腐るのを必死でこらえようとしている孔子とそれに寄り添う弟子たちの姿であった。『論語』の言葉は、堅苦しい道徳の教えというよりはむしろ、孔子たちの日常のやりとりの中に光るさりげない教訓なのである。

この『論語』に見える孔子の人間味あふれる姿は、儒教の聖人像に新たな息吹を吹き込んだ。聖人という抽象的な人物像は、孔子という具体的な人物と重ね合わされることによって、よりリアルな人物像となったわけである。それと同時に、孔子の姿は、単に理想の境地を表すだけでなく、それを目指して奮闘する人間の姿でもあった。つまり、朱熹にとって、孔子は目指すべき聖人の手本であると同時に、聖人を目指して奮闘する人間、すなわち自分たちと地続きの「学ぶ者」としての手本でもあったのだ。この両者が一体となっているがゆえに、朱熹にとって孔子は別格なのであった。

ところで、厳密に言えば、孔子の目指していたものは「聖人」ではなく「君子《くんし》」であった。『論語』に頻繁に見える「君子」という言葉を、朱熹はどのように解釈したのであろうか。

聖人と君子

第一章で述べた通り、孔子にとっての聖人と、後世の儒者にとっての聖人とは、まさに孔子の存在ゆえに同じではない。『論語』に見える聖人とは、古の「聖」なる文化の制作者のことであり、孔子自身はけっして聖人を目指してはいない。孔子が理想としたのは「君子」であった。

朱熹においては、聖人と君子とはふつうは区別されることはない。いずれも人格の完成者の意味であり、「聖人君子」と並称することもある。しかし、『論語』の解釈においては、孔子の区別に基づいて、両者を区別しなければならない。その場合、聖人と君子の関係は次のように説明される。

賢人は君子に及ばないし、君子は聖人に及ばない。（『朱子語類』巻二四）

君子とは、徳性が備わり、才能豊かな、聖人に次ぐ人物である。しかし、君子の徳性は聖人ほど大きくはなく、その才能も聖人ほど霊妙ではない。（『朱子語類』巻二四）

聖人と区別されるときの君子とは、限りなく聖人に近い段階ではあるが、いまだ聖人ではないという意味において、自分たち「学ぶ者」と地続きの存在であった。それは、孔子のいう君子が、「小《しょう》人《じん》」という概念と対比されていることにも表れている。

孔子はしばしば君子と小人とを対比させている。たとえば「君子は周して比せず、小人は比して周せず（君子は公平で偏らない、小人は偏って公平ではない）」（為政篇）というような具合であるが、朱熹は、この君子と小人との分かれ目を次のように説明している。

君子と小人のちがいは、ちょうど陰陽や昼夜のようなもので、事ごとに相反する。とは言え、両者を分けるものを突きつめるならば、（中略）それはほんのわずかな差にすぎない。だから孔子は「周」か「比」かなどのところで常に両者を対比させて相互から語っているのだ。学ぶ者が両者の差異を察し、取捨の瞬間を見誤らないようにさせんがためである。（『論語集注《ろんごしっちゅう》』）

君子と小人は相反するあり方であって、君子でなければ即小人、小人でなければ即君子というように、その中間は存在しない。学ぶ者は、君子か小人かの分岐点に立って、その都度その都度の取捨選択を誤らないようにしなければならない。気を抜けばすぐさま小人に転落してしまうという緊張感をもちつつ、君子たらんという意志を持ち続けること、これが君子としての孔子の姿なのであった。その意味においては、聖人になれなかった朱熹を君子と呼ぶこともできなくはない。朱熹ほどがむしゃらに聖人君子を目指して奮闘しつづけた人はいないであろうから。しかし、朱熹を君子と呼ぶと、なにやらいわゆる「君子面《くんしづら》」をした道学先生のイメージになってしまうのは、まさに朱熹の不徳の致すところ、孔子と朱熹の人徳の差というものなのであろう。

一方、君子と区別されるときの聖人とは、いわば君子であることが恒常化した境地を意味する。聖人は、無意識のうちに常に君子なのであって、そこには小人への転落を気にする緊張感はもはや存在しない。逆に言えば、聖人と君子とは表面的には同じなのであり、違いはそれを意識しているか否かということだけにあるのであった。

この聖人の境地が、まさに孔子のいう「心の欲する所に従いて矩を踰えず」であるのだが、ここに一つ、朱熹たちを悩ませる問題があった。すなわち、孔子はこれを七十歳の境地として語っているが、それではそれ以前の孔子は聖人ではなかったということなのだろうか。

聖人のことは不可知

『論語』の孔子の姿に、学ぶ者としての君子とそれが無意識のものとなった聖人の両方を見ようとした朱熹にとって、孔子の例の人生回顧はやっかいな問題を孕んでいた。

孔子は、みずからの一生を振り返って次のように語っている。有名な言葉なのであえて現代語にせず、書き下し文のまま引く。

吾れ十有五にして学に志す。三十にして立つ。四十にして惑わず。五十にして天命を知る。六十にして耳順《したが》う。七十にして心の欲する所に従いて矩を踰えず。（為政篇）

この最後の境地が、朱熹の目指す「心」と「理」の調和した境地、すなわち聖人の境地であることは、これまで何度も述べた通りである。しかし、この孔子の言葉は、その境地に至るまでの年代ごとの段階を語っている。孔子は、生まれながらの聖人ではなかったのか。長年学問に努めた結果、死ぬ間際の七十歳になってようやく聖人になったのか。

このやっかいな問題についての朱熹の公式見解は、次の通りである。

孔子がみずからの徳の進む順序をあのように述べているのは、聖人である孔子自身は必ずしもそのように段階的ではなかったのだが、学ぶ者のために手順を示してやったのだ（『論語集注』）

孔子は学ぶ者たちに段階的な道筋を示すために、方便としてあのように語ったのだ、という解釈は、朱熹の尊敬する北宋の程頤《ていい》の解釈を承けたものだが、いささか詭弁の感が否めない。事実、朱熹自身も、別のところで次のようにも述べている。

孔子のこの言葉は、もちろん学ぶ者のために道筋を示したものである。しかし、はじめはやはり孔子自身にもこのように進んでいったという実感があったからこそこのように述べたのであろう。聖人の心の中のことは我々にはわからないのだから、わからないものとして扱うべきだ。（『朱子語類』巻二三）

ここで朱熹は、「聖人の心の中のことは我々にはわからない」として、それ以上の詮索を戒めている。聖人の境地は聖人にしかわからない、それをいまだ聖人ではない我々があれこれ忖度《そんたく》するべきではない、というのが、朱熹の孔子のこの言葉に対する態度であったのだ。何事もすっきり合理的に説明せずにはいられない理学者の朱熹にも、不可知の領域があったのである。それは、聖人と自分たちとのあいだの決定的な差異を自覚することを朱熹が求めたからにほかならない。

朱熹が『論語』に読もうとしたものは、自分たち学ぶ者の手本とすべき君子としての孔子であり、自分たち学ぶ者とは隔絶した境地の聖人としての孔子であった。孔子が様々に表現する君子の有り様は、そのまま自分たちの生き方の指針となり、努力のしどころとなる。それと同時に、我々は常に、孔子が聖人であること、それは我々の計り知れない境地であることを忘れてはならない。それはつまり、みずからが常にいまだ聖人ではないことを自覚し、学ぶ者として生き続けるということなのであった。

そう考えるならば、まわりの苦笑を買うような朱熹の猛烈な人柄も、孔子の人間臭さと同様に、学ぶ者の必死の奮戦ぶりとして受け止めるべきなのであろう。

儒教における人物評価

古来、儒者は人物評価に血道《ちみち》をあげる。『論語』の中でも、じつに頻繁に、過去の人物や同時代の人物、あるいは同門の仲間に対する人物論評が繰り広げられている。また、孔子の門人たちは、常に自分に対して孔子が下す評価への期待と懸念を抱えて、孔子と相対している。

時代を隔て、『論語』に比べればはるかに議論の領域を広げた『朱子語類』においても同様で、朱熹とその門人たちは、相変わらず、過去の、あるいは同時代の人物の品評を繰り返し、門人たちは朱熹に指摘される自分の評価を最大の関心事としている。

より良き人格を目指す儒教において、儒者たちの関心が人物評価に集まるのは当然のことであろうし、そもそも人はいつの時代も他人の自分に対する評価に無関心ではいられないものなのかもしれない。しかし、儒者たちが繰り返す人物評価をめぐるやりとりと、それによって形成された人物像は、朱子学や陽明学という、思想家の固有名詞を冠した思想体系を考えるときに、それがほかならぬその人の思想であるという当たり前のことを思い出させてくれる。

朱熹は、陽明は、どのような人物であったのか。どのような人物と評され、どのような人物とイメージされるようになったのか。彼らの人物像は、儒教の人物評価の歴史の中で、どのように位置づけられるのか。そうした問いかけとともに、朱子学や陽明学を考えるべきなのであろう。

儒教には、孔子を頂点とした人格のヒエラルキーがある。『論語』に登場する門人たちは、そのヒエラルキーにおける自分の位置を常に気にかけながら、孔子の評価を待っている。その中で、顔淵《がんえん》という孔子が溺愛した門人がさしずめ孔子に次ぐ位置にあることは、衆目の一致するところであったが、他の門人たちは、顔淵にはかなわぬまでも、自分は誰それよりも上か下かを競い合っていたのである。

朱熹ならば、このヒエラルキーのどこに位置したのであろうか。もしも朱熹が孔子の門下にいたならば、孔子は朱熹をどう評価しただろうか。こうした荒唐無稽な想像をしながら、朱熹の人物像を思い描いてみれば、困ったヤツではあるが意外と憎めない朱熹像が浮かび上がってくるのではないだろうか。

おわりに――世界の辺境で朱子学を問う

さて、本書を通して、私たちは朱子学から自由になれたのであろうか。朱子学の正体をつかみ、朱子学の外に出ることはできたのであろうか。

いま逆にこう問い直してみよう。なぜ私たちは朱子学から脱出しなければいけないのか。朱子学の何がそんなにまずいのか。

たとえば、あらゆるものごとには「理」があり、人はそれを説明することができる、と朱子学は言う。たしかに、私たちはものごとをすっきり説明し、「どうり（道理）で」と納得したい。そうしないと心が落ち着かないからだ。しかし、何にどの地点で納得しほっとするかは、それこそ人の気持ち次第であるのだから、時代や場所によって、科学的真実も論理的証明も伝統的習慣も宗教的信念も日常的感覚も、どれも同等に「理」となってしまう可能性がある。つまり、「理」は私たちの心をその都度落ち着かせるだけで、その「理」はいずれ別の「理」によって取って代わられるにすぎない。それなのに、私たちはかくもこの世界の合理性を信じ、自分たちの理性を信じてよいものなのだろうろか。

またたとえば、人は誰もが努力によって聖人になることができる、と朱子学は言う。たしかに、私たちは自己向上の余地を信じ、努力の大切さを謳《うた》う。そうしないと生きる希望を見失ってしまうからだ。しかし、そのことがときに人をどれだけ追い込み苦しめるかということも、私たちは経験的に知っているはずである。「あるがまま」よりも「あるべき」自分を求めていることが心の充実につながるときもあれば、「あるがまま」でいいんだと言ってもらいたいときもある。「あるべき」は本来「あるがまま」だと考える朱子学においても、「あるがまま」が即「あるべき」と考える陽明学においても、両者に共通するのは、人間の本来の姿にたいする楽観的信頼であり、それゆえの現実に対する厳しさである。しかし、このように現実に常に理想を重ね合わせることは、人間の多様なあり方を恣意的に序列化するものではないのだろうか。

要するに、朱子学の根拠になっているものは、意外にも、人の心がいかに安楽かというところにあるのである。「理」は人の心を楽にし、理想を追い求めることは人の心を生き生きと健全にしてくれる。だからこそ、逆に、他者の「理」がときに人の心を苦しめ、外から与えられた理想が人の心を追いつめることもあるのであった。

朱子学は、心安らかに生きるために心の問題を解決する思想である、と本書の冒頭で述べた。そのために朱子学が持ち出したのが、合理的世界における理想的人間の理性なのであった。しかし、もう一度問いかけたい。私たちは、心の安楽を得んがために、世界をそのように単純化し、人間をそのように一様なものと見なしてよいのだろうか。

そうした反省をするとき、私たちははじめて朱子学の外に立てるのかもしれない。しかし、そのまま朱子学の外に立ち続けることは、それこそ楽なことではない。それには、それなりの覚悟と、そして具体的な戦略が必要なのである。

本書を結ぶにあたって、朱子学を批判するための戦略として、二つの可能性を示しておきたい。本文でも示唆したように、一つは朱熹自身に、もう一つは日本の「無思想」に、朱子学批判の可能性を探るということである。

朱熹と朱子学との違いを述べた際、朱熹のバランス感覚に注目したことを思い出してもらいたい。二項対立を生み出した朱熹であったが、二項のどちらにも偏らないことが、朱熹と後の朱子学とを隔てる一番の違いであった。そのために朱熹は、決して終わらない「工夫」の道程を歩むことになった。バランスをとり続けるという相対的な方法は、その無限の連続を保証するためであったが、逆に言えばそれは安定的な足場に安住しない、無限の移動でもある。こうした朱熹の姿には、楽観的な合理主義とは対極のものが見い出せるのではないか。

さらに、朱熹の孔子に対する態度についても思い出してほしい。聖人のことは不可知とした朱熹の態度には、いわば理性によって理性に限界を引く覚悟が見てとれよう。この朱熹の覚悟は、「学ぶ者」として生き続ける覚悟にほかならないのであるが、聖人を信じるという、理性とは一見相反するものが根底にあってこそ、朱熹において理性の暴走は食い止められていたと言うことはできないであろうか。

「無思想」の日本人は、かつて朱子学を通して得た「思想」という武器によって対外的に強くなろうとした。「思想」のもつ排他性や闘争性は、朱子学の「理」の正体でもあったのだ。いま私たちは、日本の「無思想」をこそ武器にして、国際社会の中で独自の役割を果たすべきではないのか。日本の「無思想」は、無節操や無責任の別名であってはならない。それはむしろ、研ぎ澄まされたバランス感覚の謂《いい》なのであり、自分たちの拠って立つ足場に安住することを拒否し続ける覚悟にほかならない。それはまた、理屈を振りかざす者たちの確信に満ちた姿に胡散臭さを嗅ぎ取る感覚でもある。似合わぬ「思想」で硬直した日本人朱子学者を、「道学先生」と揶揄できた先人の感覚を、私たちは思い出すべきなのではないだろうか。

日本という世界の辺境で、いま改めて朱子学について問うてみることは、自分たちのこれまでを見つめ直し、これからの世界において日本人がどう生きていくかを考えることなのである。

本書は、筆者が勤める明治大学文学部の「東洋思想史」という講義をもとに書かれたものである。この講義は一、二年生を対象とした一般教養科目であり、受講者は東洋思想を専門に学ぶ学生ではない。特別な専門知識や関心をもたない若い人たちに朱子学を説明するために、講義では朱子学のタームをできるだけわかりやすい日常の言葉に置き換えて伝えることに努めているが、それは本書も同様である。本書の描く朱子学が、朱子学の一側面を強調しすぎているという誹りは免れないかもしれないが、それはわかりやすさを求めたがためとご容赦いただきたい。

一般教育科目として朱子学を講じ、本書を書いたことは、朱子学を専門的に研究している筆者にとっては、じつに有益な経験であった。専門家同士の議論では暗黙の前提となっている朱子学のタームを、一つひとつ日常の言葉に置き換えて伝えるという作業は、筆者自身の朱子学理解を再検討させてくれるものであったのだ。同時に、自分が長年取り組んでいる朱子学を、より魅力的なものとして語りたいという欲求を抑えられなかったのも正直なところで、そのためこれまた朱子学を筆者の主観でかなりゆがめているという誹りを受けるかもしれないが、それは甘んじて受け止めたい。朱子学が筆者にとってこの上なく魅力的でしかも手強いものであることは、今も変わらないからである。

最後に、筆者の「東洋思想史」のシラバスに注目し、本書の執筆をご提案下さったミネルヴァ書房の水野安奈さんに心より感謝を申し上げたい。

二〇一五年七月

垣内景子

読書案内

本書を読んで、もっと朱子学について知りたくなったという読者に向けて、必読書を紹介する。まずは何をおいても次の二冊を読んでみてほしい。

①土田健次郎『儒教入門』東京大学出版会、二〇一一年。
②土田健次郎『江戸の朱子学』筑摩選書、二〇一四年。

①は儒教に関するほぼ唯一と言っていい概説書であり、書名が示す通り一般に向けて書かれたものであるが、内容はきわめて重厚である。儒教全般を多角的に解説していて、朱子学だけを取り上げたものではないが、朱子学の奥行きを知る上でも必読の書である。
②は日本の江戸時代の朱子学を解説したものであるが、朱子学そのものの構造についてもわかりやすくまとめられており、日本の思想史における朱子学の果たした役割が立体的に描き出されている。
①も②も、一般向けの書物という形で刊行されたものであるが、いずれも内容的には学界の最高の

議論を踏まえたものである。そのため、やや難しいと感じる読者もあるかもしれないが、学問というものの高尚さと面白さに触れる経験として、食らいついてみてほしい。

次に、朱熹の言葉に直接触れ、朱熹という人を知るために、次の二書を紹介する。

③三浦國雄『「朱子語類」抄』講談社学術文庫、二〇〇八年。
④三浦國雄『朱子伝』平凡社ライブラリー、二〇一〇年。

③は本書でもしばしば引用した朱熹の語録『朱子語類』の抄訳である。『朱子語類』は全百四十巻に及ぶ大部なもので、現在その全訳をめざしたプロジェクトが進行中であるが、刊行にいたっているのはほんの一部にすぎない（「引用原典一覧」参照）。『朱子語類』の言葉は、朱熹が生きた当時の口語を反映した独特の文体（古白話）で、伝統的な漢文（文言）とは異なることから、そのための知識や訓練がないと読みにくい。③は、『朱子語類』の中から重要なものを選んで訳したもので、思想内容についての解説も充実しているが、同時にその独特の文体についての知識を学ぶための入門にもなる。

④は朱熹という人の生涯を客観的な事実を追いながら描いた伝記である。朱子学が朱熹というひとりの個性をもった人物の思想であることを再確認させてくれる。

次に挙げるのは、朱子学と陽明学に関する比較的一般向けの概説書である。

⑤島田虔次『朱子学と陽明学』岩波新書、一九六七年。
⑥小島毅『朱子学と陽明学』ちくま文庫、二〇一三年。
⑦小倉紀蔵『入門　朱子学と陽明学』ちくま新書、二〇一二年。

日本の朱子学に関しては、②の他に次の二書が必読書である。

⑧丸山真男『日本政治思想史研究』東京大学出版会、一九五二年。
⑨渡辺浩『東アジアの王権と思想』東京大学出版会、一九九七年。

本書の中で取り上げた武士道や日本の陽明学について興味をもった読者には、次の二書を勧める。

⑩菅野覚明『武士道の逆襲』講談社現代新書、二〇〇四年。
⑪小島毅『近代日本の陽明学』講談社選書メチエ、二〇〇六年。

本書の中でしばしば話題にした日本の「無思想」については、次のものを参考にしてほしい。

⑫養老孟司『無思想の発見』ちくま新書、二〇〇五年。
⑬内田樹『日本辺境論』新潮新書、二〇〇九年。

最後に拙著を紹介させていただきたい。

⑭垣内景子『「心」と「理」をめぐる朱熹思想構造の研究』汲古書院、二〇〇五年。

⑭は筆者が学位論文をもとに書いた学術書であるが、内容的には本書とかなり重複する。いわば⑭を一般向けに書き直したものが本書である。したがって、本書の読者が、⑭の一番の理解者になってもらえるものと確信している。

引用原典一覧

本文中に現代語訳で掲げた引用文の原典は以下の通り。訳註のあるものは合わせて示す。

『朱子語類』

『朱子語類』中華書局・理学叢書。

『朱子全書』上海古籍出版社・安徽教育出版社。

『「朱子語類」訳注』汲古書院、但し巻一・二・三・七・十・十一・十二・十三・十四・八四・八五・八六・一一三・一一四・一一五・一一六・一一七・一一八・一二五・一二六のみ既刊、継続中。

『朱子文集』

『朱熹集』四川教育出版社。

上掲『朱子全書』。

『大学章句』

『四書章句集注』中華書局・新編諸子集成（第一輯）。

上掲『朱子全書』。

島田虔次『大学・中庸（上）』朝日新聞社・中国古典選。

『論語集注』
『四書章句集注』中華書局・新編諸子集成（第一輯）。
上掲『朱子全書』。
土田健次郎『論語集注』（全四冊）平凡社・東洋文庫。
『大学或問』
『朱子全書』上海古籍出版社・安徽教育出版社。
『中庸』
『四書章句集注』中華書局・新編諸子集成（第一輯）。
島田虔次『大学・中庸（下）』朝日新聞社・中国古典選。
『論語』
『四書章句集注』中華書局・新編諸子集成（第一輯）。
金谷治『論語』岩波文庫。
『孟子』
『四書章句集注』中華書局・新編諸子集成（第一輯）。
金谷治『孟子（上・下）』朝日新聞社・中国古典選。
『程氏遺書』（程顥・程頤）
『二程集』中華書局・理学叢書。
『正蒙』（張載）
『張載集』中華書局・理学叢書。

『南軒集』（張栻）
『張栻全集』長春出版社。
『伝習録』（王陽明）
『王陽明全集』（巻一）明徳出版社。
溝口雄三『伝習録』中央公論新社・中公クラシックス。
吉田公平『伝習録』角川書店・鑑賞中国の古典。
『年譜』
『王陽明全集』（巻九）明徳出版社。
『玉勝間』（本居宣長）
『本居宣長全集』（巻一）筑摩書房。
『玉勝間』（上・下）岩波文庫（村岡典嗣校訂）。
『本居宣長』岩波書店・日本思想大系。
『鈴屋集』（本居宣長）
『本居宣長全集』（巻一五）筑摩書房。
『徂徠先生答問書』（荻生徂徠）
『荻生徂徠全集』（巻一）みすず書房。
尾藤正英『荻生徂徠』中央公論社・日本の名著。
『童子問』（伊藤仁斎）
『近世思想家文集』岩波書店・日本古典文学大系。

矢沢永一『日本人の論語　「童子問」を読む』ＰＨＰ新書。
『訓門人開巻講義』(稲葉黙斎)
刊本はなし。ただし、稲葉黙斎の「上総道学」の流れをくむ千葉県富里の柏木恒彦氏により、ウェブサイト上で訳註が公開されている(http://mokusai-web.com)。
『葉隠』(山本常朝)
『三河物語　葉隠』岩波書店・日本思想体系。
『伝習録欄外書』(佐藤一斎)
『佐藤一斎全集』(巻五)明徳出版社。

索　引

あ　行

夷狄　127
伊藤仁斎　166
稲葉黙斎　171
已発　77,85
――の端倪察識　85
陰陽　17
王安石　9
王守仁　62,141
荻生徂徠　165

か　行

華夷　177
科挙　7,127,173
格物　54,55,102-104,108,153
――窮理　100,102,112,114,116,120,130,137
――致知　102,112
豁然貫通　111,112,114
漢意　52,138,180
顔淵　32,202
感応　18
観心説　73,87
涵養　79
気　14
偽学　125
気質　19,33
気象　133,194
鬼神　26,36
崎門　167,171
窮理　54,104
狂禅　192
居敬　100,120,130,137
工夫　70,130,136,149
君子　196
「訓門人」　170
「――開巻講義」　171
敬　80,88,93,99
経書　2,4,117
孝　28,177
黄榦　133
孔子　2,4,32,194
五経　2
五行　19
心の欲する所に従いて矩を踰えず　12
心は性情を統ぶ　67
国教　5,126
湖南学　85

さ　行

坐禅　84
佐藤一斎　184
三年の喪　175
士大夫　6,127,141
四端　67
質　19
士道　181,182
謝良佐　90
主一無適　89
朱熹　3
『朱子語類』　3,42,132,169,201
『朱子晩年定論』　163
『朱子文集』　73,96,194

朱松　82
朱陸論争　192
情　63,85,148
小学　98
常惺惺　90
消長　18
支離　192
心　67,69,70,123,130
心外無理　62
心学　62
新儒教　1
心即理　60,62,147,159,162
『鈴屋集』　195
性　44,63,77,83,148
誠　154
誠意　153,156
精気　24
静坐　83
聖人　10,93,113,150,157,159,194,196
　——学んで到る可し　11
整斉厳粛　95,97
性善説　11,44,66,139,159
性即理　60,67,148
『正蒙』　21
曾参　134
曾点　134
祖先崇拝　28
『徂徠先生答問書』　165

た　行

『大学』　54,102
『大学章句』　103,106,112
『大学』の八条目　103,153
太虚　21
戴震　50
高きを好む　56
『玉勝間』　52
知行合一　155,185
知先行後　157
致知　102,106,109,153
中華　127,177
『中庸』　77
張載　21,67
張栻　85,189
程頤　9,43,67,78,80,84,88,95,200
程顥　9,111
『程氏遺書』　78,80,89
『伝習録』　142
『伝習録欄外書』　184
道家　9
道学　9,82,167
　——先生　167,175,187,198,206
道教　9
『童子問』　166
道統　10

な・は　行

『南軒集』　190
二程子　9
新渡戸稲造　181
述べて作らず　2
『葉隠』　182
林羅山　168
武士道　181
『武士道』　181

ま・や　行

未発　77,83
　——の存養　83
無思想　186,205,206
孟子　11,195
本居宣長　52,138,180,194
物　54,105

物読み坊主　175
山崎闇斎　167
陽明学　62,114,140,183
　——右派　161
　——左派　161

ら・わ　行

理　42,180,203
理一分殊　43
理学　39
理気二元論　37
陸王の学　192
陸九淵　192
李侗　81
龍場の大悟　144
良知　153
礼　96,176
『論語』　3,196,201
『論語集注』　198,200
和魂洋才　185

《著者紹介》

垣内景子（かきうち・けいこ）

1963年　生まれ。
1986年　早稲田大学第一文学部哲学科東洋哲学専修卒業。
1993年　早稲田大学大学院文学研究科単位取得満期退学。博士（文学）。
明治大学文学部教授を経て、
現　在　早稲田大学文学学術院教授。
著　作　『「心」と「理」をめぐる朱熹思想構造の研究』汲古書院、2005年。
『朱子語類』訳注（巻七・十二・十三）汲古書院、2010年。
『朱子語類』訳注（巻百十三～百十六）汲古書院、2012年。
『朱子語類』訳注（巻百十七～百十八）汲古書院、2014年。
『朱子学のおもてなし』ミネルヴァ書房、2021年など。

朱子学入門

2015年8月1日　初版第1刷発行　〈検印省略〉
2023年11月30日　初版第6刷発行

定価はカバーに
表示しています

著　者　垣　内　景　子
発行者　杉　田　啓　三
印刷者　坂　本　喜　杏

発行所　株式会社　ミネルヴァ書房
607-8494　京都市山科区日ノ岡堤谷町1
電話代表　(075)581-5191
振替口座　01020-0-8076

冨山房インターナショナル・新生製本

ISBN 978-4-623-07391-7
Printed in Japan

名言で読み解く中国の思想家　湯浅邦弘 編著　A5判三九六頁　本体三〇〇〇円

概説中国思想史　湯浅邦弘 編著　A5判四二六頁　本体三〇〇〇円

林羅山　鈴木健一 著　四六判二五八頁　本体三〇〇〇円

山崎闇斎　澤井啓一 著　四六判四二四頁　本体三八〇〇円

概説日本思想史　佐藤弘夫 編集委員代表　A5判三七六頁　本体三二〇〇円

概説現代の哲学・思想　小坂国継・本郷均 編著　A5判三九二頁　本体三五〇〇円

ミネルヴァ書房

http://www.minervashobo.co.jp/